考拉心研所

为什么我们会爱上不该爱的人

[日] 加藤谛三 著
李兵 译

なぜか恋愛が
うまくいかない人の
心理学

かとう たいぞう

湖南人民出版社

目 录

前　言　001

第一章　谁都是恋爱小白　009
第二章　"理想伴侣"并未出现　053
第三章　小心那些无法成为恋人的人　083
第四章　渣男、妈宝男一辈子都改变不了　117
第五章　失恋的痛苦　135
第六章　不要委曲求全的恋爱　165
第七章　放弃浮夸的爱情，建立一段有安全感的关系　217

后　记　243

前 言

恋爱、婚姻不是一张通往天堂的车票,反而有时会让我们的人生走进死胡同。

天真地以为买到的是天堂方向的车票,却错误地驶向地狱。这样的例子不胜枚举。当意识到这是一个错误时,明明只要及时下车、换乘重来就可以重新开始新的人生,可是就是有人会冥顽不化继续待在这列列车上,驶向终点。

世上有很多夫妻,他们从恋爱发展到结婚。可到头来,他们的爱情不仅没有开花结果,还留下了对彼此的憎恶。

这就是共同依赖症。也就是说,两人之间已经出现厌恶,其关系也已变得满目疮痍,却仍然无法割舍这段感情。虽然双方内心都想分开,但就是无法放手。

共同依赖症就如同酒精依赖症,理智上非常想戒酒,但生理上就是无法控制自己。

表面上看似收获爱情，但其实不然。有些恋爱便是如此。

有人认为，结婚就是收获爱情，其实不过是一种错觉罢了。

如果只用结婚来评判这份感情的话，就会看似收获爱情的果实，但是究其本质，其实并没有收获爱情的果实。

表面上看似修成正果，但事实却并非如此。当一个人产生强烈的依赖心理时，爱情也必定会以失败告终。

爱情很复杂，顺利结婚并不代表就收获到了爱情。

为了摆脱寂寞，选择恋爱或是结婚，这样的恋爱是不能收获到真正的爱情的。不仅不能如愿以偿，甚至会患上共同依赖症。即使自己已经厌恶对方，也无法和对方分开。

本书，透过大量这样的例子，思考了什么才是收获真爱，怎样做才能收获真爱。

弗洛姆（Erich Fromm）[1]曾说："再也没有比爱情更容易的了，尽管一再为相反的证据所否定，但至今还占据主导地位。"

弗洛姆还说过："既然带着如此巨大的希望和期待开始恋爱，就理应绝对不可能失败才对。如果是放在其他事情上，

---

[1] 埃里希·弗洛姆（1900—1980），德裔美国心理学家、精神分析家、哲学家。

我们一定会思考为什么事实并非如此。"①

的确,无论是成人,还是学生,在经历了失败后,一定会思考自己为何失败。但是令人诧异的是,在一段注定失败的恋爱中,他们不会去究其原因。

更让人大跌眼镜的是,他们甚至会认为是对方的错。

抱有这样想法的人,注定永远收获不到真爱。

收获不到真爱的人,在根本上就没法去正确理解爱情为何物。相反,收获真爱的人,是因为有自立、创新、积极的人生态度。他们并不认为另一半的重要性有想象中那么大。

能否收获到真爱,问题不在于和什么样的恋爱对象交往,而在于自己内心的态度。

依赖心理强的人,无论与谁恋爱都不可能收获到真正的爱情。即使形式上顺利结婚,也不会收获真正的爱情。

由于自己强烈的依赖心理而收获不到爱情的人,就如同明明知道自己不会滑冰,却还是去了滑冰场。来到滑冰场,他们满脑子都是"我不会滑冰,是滑冰场不好"。

不会滑冰的人,不管去哪家滑冰场都不会滑冰。

来到一家商店,你身无分文。可你偏想买东西,没有店家会把东西卖给你。

---

① 埃里希·弗洛姆,《爱这回事》,悬田克躬译,纪伊国屋书店,1959年。

于是你对商店的过分做法感到愤怒,事实上,任你去哪一家商店,都不会有人把东西卖给你。

这里所说的滑冰的能力、买东西的钱,就是独立、主观能动性以及成长欲望。

一个人内心存在的纠葛就是一段恋爱失败的原因。

不仅是恋爱关系,任何一种人际关系,你都会对这段关系有着自己内心的纠葛,当你试图解决这段关系中你内心的纠葛时,就是这段关系的结束之时。

提到收获爱情,就认为是能够在一起。但是这样的爱情未必是真正收获了爱情。

收获爱情有很多技巧。

相信对方,相信对方是爱着自己的,这是一个技巧。

让对方成为自己内心的堡垒,这也是重要的技巧之一。

喜欢很简单,但是爱却很难。

爱可以让双方都收获幸福。

有强烈执念的人是很难做到的。

即使对自己抱有执念,也不会轻易地爱上"喜欢的人"。能够收获真爱的人,必定是能够舍掉执念的人。

不论是失恋,还是离婚。这些都是当事人背后的心理问题在作怪。

本书旨在思考这些问题背后的原因。

在本书中需要思考的是在恋爱问题中存在的几个因素：

1. 男人和女人本身所引发的矛盾
2. 双方都有心理问题而产生的矛盾
3. 上述两种情况都有而产生的矛盾

真实的爱情就是即使遭到背叛，也仍然相信。

即便在分手时想起自己被抛弃，但分开后的两人都可以通过这次失恋获得成长，能够在下一次恋爱中，变得相信对方。到了那一刻，才是收获过爱情。

即使从恋爱发展到了结婚，但在情绪、心态方面都不成熟，经历了这段时间，就会逐渐厌恶彼此，又无法分手。看似收获了爱情，但这种恋爱实际是让你的人生走进了死胡同。

这种恋爱发展成为婚姻，两人在同一屋檐下生活，但即便如此，也没有收获爱情。

抑或，纵然已经分开，仍然相互怨恨，这也算不上收获到真爱。

埃里希·弗洛姆曾说过，要取得社会上的成功需要耗费精力，而获取爱情的胜利却无需学习，也无需花费任何精力。

纵然是失恋了，如果人们能够认识到人与人之间存在差异,那这份恋爱也算收获了爱情的果实。

一份同样的经历,有些人会觉得自己受到伤害,但也有些人会喜出望外。经历一场失恋,通过一些意想不到的事情来了解彼此的不同。

如果通过失恋,人们能够切身体会到彼此之间价值观以及兴趣爱好的不同,那么在下一次的恋爱中,或许可以收获真爱。

那些将彼此之间的差异按照优劣等级来划分的人,他们在下一次的恋爱中,也不会收获爱情。

在资本主义社会里,人们会为了利益学习,却不会为获得成功的爱情而去学习。

这是一本旨在帮助人们收获爱情的关于恋爱心理学的书籍。

书中反复提到"收获爱情"和"收获爱情心理学"这两个概念。

这也恰恰揭示了这本书的标题"为什么我们会爱上不该爱的人"中的内外联系。

失恋的时候,纵使痛苦不已也要思考导致这段恋情以失败告终的原因。

美国有一个运气很好的作家卡森(Casson)[①],他写过一

[①] 赫伯特·卡森(1869—1951),美国记者及作家。

本有趣的书。这应该是一本称作召唤幸运的13种智慧的书吧。

　　作者卡森主张万物皆有因,就像牛顿看到苹果从树上掉下来时,就知道"这其中一定有原因"一样。

　　为了摆脱充满痛苦的人生,我们就应该始终抱有"为什么"的意识。

　　总之,这是一本可以召唤好运的书。

第一章

谁都是恋爱小白

没有一个好的开头的恋爱容易失败

爱情看似开花结果,实则不然,这样的恋爱在一开始就存在问题。

一位太太就是这样的情况。这位太太说,自己的丈夫原是自己的上司,是她自己先发起追求的,交往了一年半之后,两个人结了婚。

然而,这位太太现在却因为丈夫出轨的事情,万分痛苦。

在这位太太的认知里,结婚的那一刻,自己就收获了爱情。其实,并非如此,这只是她的错觉而已。

"丈夫嘴上说已经和第三者分手了,但是他们还在交往。"

出轨的对象,是和丈夫同一家公司的女员工。

每当她问起丈夫是否还在和情人交往,丈夫总是会辩解说,是对方要他送她回家,他没办法才去送的。

丈夫一直声称自己是被迫的。这是试图逃避责任。

我问她:"为什么当初会追求这种男人?"这位太太的脸上露出怀念的神情回答:"因为自己太寂寞了,所以才开始和他交往。当时,家里发生了很多事情,我想离家独立。那时候,他对我很温柔,只要我说想让他带我去什么地方,他就会带我去。我们两个人一待就是七个小时左右。"

也就是说,这段恋爱关系之所以最终破裂,原因在这段感情刚开始的时候。

她因为寂寞,才想让他陪陪她。她不想待在家里,就找他陪自己出去。

这就是她这段恋爱关系破裂的原因。

如果当初离开了家,而后独自生活的时候开始一段感情,或许这段恋情就不会失败。

当时"离家独立"这件事,是她试图独自解决内心的纠结。

对她来说,这场恋爱是一场旨在解决自己内心纠结的恋爱。这恰恰是这段感情破裂的原因。

爱上一个人的必要条件

不管是恋爱关系，还是任何一段人际关系，如果夹杂着自己的内心矛盾，并试图利用这段关系来解决自己的内心矛盾时，那么这段关系就会破裂。

例如，一个极度自卑的人，想和一个人见人爱的人谈恋爱，这就是试图用恋爱来解决自己的内心问题。

她的这段恋爱旨在让自己安心，由内心不安引起，是一种缺乏动机的爱。

这种情况，如果只为抚慰自己的不安，那么看似收获了爱情，实际上并非如此。

表面上看爱情似开花结果，但实质上并没有收获爱情，这样的恋爱关系必定在不久后就会破裂。

弗洛姆在《爱这回事》一书中提出："真正的爱是创造

性的体现,包含了关怀、尊重、责任心和了解诸多因素。"①

也就是说,如果一个人没有创造性的准备,那他就不会拥有爱。懂得创造性生活方式的人才能爱人。

弗洛姆还说:"爱上某人就是爱的能力的实现和集中。"

恋爱分两种,一种是始于"缺乏动机"的恋爱,另一种是始于"成长动机"的恋爱。无法区分这两种恋爱的人,无法看清自己的内心。

就像"好孩子"发生社会性事件的话,报纸马上就会报道"为何偏偏是好孩子发生了社会性事件呢?",其实,他们只是因为感到害怕,故而扮演着"好孩子"的角色而已。

以缺乏动机而开始的恋爱,最后大多会患上恋爱关系依赖症。

---

① 埃里希·弗洛姆,《爱这回事》,悬田克躬译,纪伊国屋书店,1959年。

越是恋爱进展不顺利的人,越不肯放手

恋爱很复杂,顺利结婚不代表就收获了爱情。

只要不是一段成熟的爱情,恋爱关系根本就不会长久。

因为寂寞无聊而开始的恋爱和婚姻,都会走向失败。

她开始这段恋爱的时候,由于寂寞无聊而引起实际存在的欲求不满,变得无法控制住自己的冲动。

实际存在的欲望是指:生存的意义、生活的意义、生活的张力。如果前文提到的女士当时拥有自己的人生目标,就不会追求自己的上司了。

可是,当时的她处于一种寂寞无聊的状态。

假如,她是带着自己的人生目标而开始那段恋爱,那段恋爱就不会轻易失败。

而且,假如她是因为喜欢才结婚的话,分开的时候也会分得干脆,不会觉得自己悲惨,也不会尝到屈辱的滋味。

纵然分手十分痛苦,她也会毅然决然地分开。

因为寂寞无聊而开始的恋爱、婚姻,都会加重共同依赖症。

患上共同依赖症,就意味着即使这段关系已经满目疮痍,彼此厌恶,但还是无法放手,纵使想离开对方,也无法做到。

这与酗酒相同,即使理智上想戒酒,但生理上却无法控制。

恋爱失败就像一个赌徒所说:"刚开始赌博的时候是因为寂寞无聊。"

就这位女士而言,这是一段为了解决内心纠葛而开始的恋爱。而这就是感情破裂的原因所在。

如果当初她想离开家,离开家后她心理上很独立,在自己独立生活的时候开始了一段感情的话,那么就如前面所说的一样,这段感情就不会破裂。

说得晦涩点,在没有确立自我认同的状态下开始一段感情,这段感情就会破裂。

任何一段恋爱,恋爱过程中都必定布满荆棘。但是建立起自我认同后,对于欲求不满的忍耐度就会提高,不论什么样的困难都会忍受克服。

在自我认同不确定的状态下,喜欢上偶然遇见的一个人,即使主动出击,并成功在一起,但实质上,也没有收获爱情。

男人和女人的关系，本就容易发生矛盾，何况在双方情绪、心理都不成熟的情况下，更是如此。

心理不成熟的男人，期望一个对他别无所求的女人。反之，心理不成熟的女人，则期望一个任自己无条件依赖的男人。

这两个人，都没有意识到自己的内心纠葛。

这段关系，表面上是男女关系，本质却不是，双方都把对方看作医生或护士。

即便如此，他们也没有意识到自己就是患者。

患者与医生或护士的关系尚可以继续，但是作为一段成年人的感情是不会维持很久的。

这段感情失败的当事人，他们的心理活动是什么呢？

首先，丈夫存在的心理问题：

丈夫隐藏的自我认同危机，是以出轨的方式表现出来的。

其次，妻子存在的心理问题：

或许是因为小时候和父母没有建立稳定的依恋关系吧，怀揣着不安，就会牢牢抓住眼前人不放手，特别害怕被抛弃。

所以，她才会紧握这段关系不放手。对于她而言，要想过上不依赖对方的生活，就必须首先解除不稳定的依恋关系。

被虐待，被出轨，为何不选择离婚

有这样一个案例：

丈夫 34 岁，妻子比丈夫小 4 岁。

"丈夫希望我们做大家心目中的恩爱夫妇，又说自己离不开那个情妇。只要我同意，就不会破坏现在的生活。他说一切取决于我，因此我很烦恼。"

情妇是丈夫工作的公司的员工，22 岁。

她给他的情妇打过电话，对方表明不结婚也无所谓，同居就行。那段时间里她默许了，这之后情妇会在早上五点半就打来电话，有时候半夜也会拨电话过来。之后变本加厉，两个人见面后丈夫回来时已是深夜，还会煲电话粥。只要是她接，对方就挂断，一直拨到她丈夫接电话。这样的事情大概一周会发生 3 次。

卡伦·霍妮[①]说，任何蔑视自己的人都容许自身受到

[①] 卡伦·霍妮（1885—1952），医学博士，德裔美国心理学家和精神病学家，精神分析学说中新弗洛伊德主义的主要代表人物。

虐待。这话说得一点儿也没有错。这位妻子容许丈夫虐待自己。

然而，她却不想放手。

回到家后，妻子没什么话说，丈夫的心情也不好。因为自己没有好脸色，丈夫的心情也糟糕。

就如同患有酒精依赖症的人依赖酒精一样，这位妻子依赖着她的丈夫。

《权力与人格》的作者是美国著名的政治学家哈罗德·D.拉斯韦尔[1]，他认为，酗酒实际上是政客的一种职业病。他在他的书中写道："事实证明那些对自我评价过低的人，就会一而再再而三地依赖酒精这种所谓的灵丹妙药。"[2]

如同那些酗酒的人，患有共同依赖症的人也是"对自我评价过低的人"。

而且，妻子还赋予丈夫非同一般的价值，这是共同依赖症的一个特征。

质问他为何会变成这样，他说："你没什么女性魅力，我看到你穿着裤子的样子就烦。"他还说："她穿着裙子的样子很性感。"

---

[1] 哈罗德·D.拉斯韦尔（1902—1978），美国著名政治学家，美国行为主义政治学创始人之一。
[2] 哈罗德·D.拉斯韦尔，《权力与人格》，永井阳之助译，创元社，1954年。

"是因为我，他才会变成那个样子的。"她还用这样的借口来袒护他。

诺曼·E.罗森塔尔[①]举出了共同依赖症的一个特征：深陷在自己爱的幻想中。

依赖心理和自卑感等会产生共同依赖症。为了避免从这种依赖症里逃脱出来，人们要遭受多少本不用忍受的屈辱呢？

她有两个孩子，一个7岁，一个9岁。她已经失去了抚养孩子长大成人的信心。但是，实际上她失去的不是抚养孩子的信心，而是恐惧不能再依赖别人的生活。

只要试图一直活在共同依赖症里，那就必须忍受这种屈辱。

她每天都活在不安之中，担心自己的丈夫会取出公司内部存款，和情妇一走了之。就像酗酒的人害怕生活里没有了酒一样，这位妻子每天都在害怕自己失去丈夫的生活。

由于这种恐惧，她打算妥协。虽说自己没有工作的信心，但仍然去打零工。

说自己没有工作的信心也好，没有教育孩子的信心也罢，这都是在自欺欺人，其实就是害怕一个人生活。

[①] 诺曼·E.罗森塔尔，美国心理卫生高级研究员兼乔治敦大学精神病学临床教授。

所谓的家里蹲，就是整天在家里闭门不出而无法进入社会。但是，与其说是无法进入社会，不如说他们的内心有着依赖家人的一面。

家里蹲，也是一种共同依赖症（俗称恋家）。

即使不喜欢家人，也不离开家。在家里也不会和家人互动，只是和他们待在一起而已。

妻子也好，丈夫也罢，不论是谁，只要有强烈的依赖心理，自我轻视，就有可能患上共同依赖症。

自欺欺人的人的心理

再来思考一个具体例子。

一位妻子说"我觉得丈夫好像有点儿回心转意了",还说"情况渐有好转了"。

她所谓的"情况渐有好转",只是她希望情况逐渐好转罢了。

只不过是把内心的期望——"想要情况渐有好转"外化成"情况渐有好转"。

所谓外化,指的是自己看到的不是真实的对方,而是通过对方来看自己内心所渴望的。

这位妻子认为自己是一个善解人意的女人,实际上她是一个否定他人的女人,她看不到别人真实的一面。

她说:"在某种意义上丈夫是温柔善良的。"

"他在做伤害你的事,为什么你还认为他是一个温柔的人?"

面对这样的提问,她回答:"丈夫虽然说想离开我,可是他并没有不管我和孩子，一走了之。"

她所解释的丈夫是善良的人，就是一种外化的体现。

也就是说，她所希望的——丈夫保持温柔善良，只是通过丈夫来窥探她自己内心的渴望罢了。

看到的不是面前实际存在的人，仅仅只是通过眼前的人来窥探自己内心的愿望，把自己的内心幻想看作是现实，这就是一种将其外化的表现。

现实中的丈夫优柔寡断，明明想分手，又不想被人视为讨厌、毫无担当的男人。

明明想分开，却想给对方留下自己是好人的印象。

听我这么说，她就会自相矛盾地反驳："丈夫说他自己这个人很冷血，和我在一起的话，我太可怜了。"

我劝她，如果真的是冷血的人，根本就不会觉得你很可怜。

他的这句话，就是想在分手之际试图提升自我价值。因为这是一种最容易，但也最狡猾的方法。可是妻子对于这些事情，理解不了。

他不过就是一个对别人装腔作势、试图达到自己目的的狡猾男人。还大言不惭，说自己无法给予对方幸福，所以才分手。他总是把责任转嫁给对方。

因为妻子看不清自己，自然也看不清对方。

那这位妻子为什么还会认为，这种冷漠，又没有责任感的男人是温柔善良的呢？

正如刚才所解释的那样，是外化的心理导致的。因为她在自欺欺人，所以才会这么认为。

因为她看不清自己，自然也看不清对方。

外化这一心理过程，是能否收获爱情的重要心理法则之一。

诸如"找到理想伴侣"一类的想法，都是基于这种心理。

三分钟热度的人，也是如此。一旦有一个自己迫切想追求的人，就会把他（她）看作是自己想找的人，因而一下子就热情高涨。

可是如果现实中不存在这样的人，他（她）的态度立马就会变得冷淡。

因为自己的憧憬过于强烈，就会把某个人看作是自己想要追求的那个人。这么做，只是试图让自己强烈的依赖欲望得到满足。

渴望一个可以满足自己所有任性要求的伴侣，能给老大不小的自己筑造一个天真无邪的童话世界的伴侣。

深信"某一个人"能够为自己付出这些，于是马上就来了兴致。

容易三分钟热度的人，大概是因为小时候没能同化对自己很重要的人吧。也就是说,他们在心理上并未成长。

这样的人之所以不会收获爱情,是心理创伤所致。

他们总是相信那些唯自己是从的人。

因此,不论男女都容易上当受骗。

有一个人购买了房产,然而,在房屋的实际土地面积上却被房地产开发商骗了,他以为邻接的一部分土地也属于自己,就买了下来。

可他还是相信房地产开发商,因为他太希望那一大片土地属于自己。

他将自己的愿望当作现实。

他不承认自己被骗了,就和邻居起了争执。

这就是按照自己的愿望,歪曲地接受现实,用能让自己的欲望得到满足的方式来曲解现实。这就属于心理外化。

因为害怕寂寞,迫于无奈而持续恋爱。

外化是人如何看对方的时候出现的心理过程。

内心希望那个人是"拯救自己的存在",然后通过对方来窥探自己的希望。也就是说,把对方当成"拯救自己的存在"。

与现实的那个人无关,只是自己将他视为"拿着魔法棒的人"。

反之亦然。与现实的那个人无关,也会把他看作是"难以原谅的人"。

为了消除自己内心的矛盾，而一厢情愿地将这种特质赋予他人。

这位女性没有意识到的是，擅自赋予丈夫"温柔善良"的特质，只不过是她对此做出的反应。

她只是一厢情愿地认为，丈夫是"温柔善良"的。这样的一厢情愿，只是她对这一特质产生的反应。

罗洛·梅[①]说："当'爱'被用来消除孤独时，这份爱最终只会是两人品味空虚而付出的代价。这份爱，只是促使自己达成消除寂寞的目的而已。"[②]

这是多么孤独和寂寞。一旦对方要分手，就会死死抓住对方。也就是说，自己根本不是真心喜欢对方。

为了摆脱寂寞而恋爱、结婚，最终都不会收获真爱。不仅不能如愿以偿，甚至会患上共同依赖症。即使自己已经厌恶对方，也无法和对方分开。

用工作摆脱厌倦的婚姻生活，就会患上工作依赖症。选择用某种方式来逃避的时候，就会患上某种依赖症。

[①] 罗洛·梅（1909—1994），美国存在心理学之父和人本主义心理学家。
[②] 罗洛·梅，《人的自我寻求》，小野泰博译，诚信书房，1970年。

最痛苦不堪的失恋方式

妻子 43 岁，结婚 20 年，丈夫有一个相处 5 年的情妇，对方是单身。妻子说丈夫一周会去情妇那儿两次，她甚至能想象出他们在一起时发生的一幕幕场景。

妻子在悉心照料患病的公公，丈夫却和情妇出去旅行。

妻子说："一码归一码，我还是想把我该做的做好。"

丈夫在家里这样一副嘴脸，但在公司品行端正，深得人心。

妻子说："总之我没有离婚的打算，我也想让丈夫和那个女人断绝来往。但是丈夫要去，我也无可奈何。为了不让丈夫生气，我对他去会情妇的事情视而不见。他在家的时候我都会一副开开心心的样子，为此我也做了很多努力。"

话虽如此，有时候，她也很焦虑，也会变得无法控制自己，失眠厌食，感觉要患上抑郁症了。

就是问她"为什么不下决心分开呢？"，她也不正面回答这个问题。

她还说："即使丈夫从情妇那上下班也没关系。"

美国著名精神病学家乔治·温伯格[①]说："一段感情先是可以顺利发展，才可谈起其他事情。以此为前提，那就是绝不允许对方委屈自己。"

也就是说，自己委曲求全，这就是让自己不幸。

她因为要维持和丈夫的关系，而变得越来越自轻自贱。每天一副怨天尤人的样子，让周围的人怜悯自己。

这就是夫妻关系中的情感依赖症。所谓恋爱依赖症，就是在恋爱关系中，无法和不喜欢的人分开，即使是自己讨厌的人，也不肯放手。

这种关系，即使互相伤害也无法离开。

有的情侣，一见面就互相伤害。

即使发展成这样一种关系，女孩仍然会去见男孩，于是两人一如既往地互相伤害。

因家境自卑的女孩，和因学历自卑的男孩谈起了恋爱。女孩说起高学历的男孩就会伤害男朋友，而男孩提起家境好的女孩就会伤害女朋友。

[①] 乔治·温伯格（1929—2017），美国著名精神病学家，于《社会和健康的同性恋》一书中定义了"恐同症"。

虽然彼此没有直接抱怨,但是内心都抱着一份隐藏的厌恶。

最后,自己就会逐渐变成一个不希望别人得到幸福的人。

自卑的人,只会在对方陷入不幸时才变得温柔。

对外貌自卑的女孩,爱上了英俊潇洒的男孩,她以为自己喜欢这个男孩。

但是,她之所以会坠入爱河,不过是因为她自己在外貌上感到自卑。

要是她失恋了,就会痛苦不已。

因为男孩代替女孩,实现了她的价值。

这种失恋,不仅仅有失去恋人的痛苦,也有自己的价值被剥夺的痛苦,而后者远远大于前者。

因为男孩可以治愈女孩严重的自卑感,所以女孩才会喜欢上男孩。

因为忍受不了孤独而恋爱。既然孤独,就需要对方的陪伴。正因为如此,即使感到失望、厌倦、纠结、矛盾,都无法离开对方。即使不爱了,也放不开手。

为了自己心中的孩子气得到满足,也需要一个人陪伴自己。

比如,为了满足自己的虚荣心,需要一个人陪伴自己。

或者,因为对方能够满足自己的虚荣心,让自己的心情变好，自己才喜欢上对方。

也就是说，因为得到了对方的赞许、尊重，才喜欢上对方。因为用一种畸形的方式，治愈了自己严重的自卑心理，所以会喜欢上对方。

人如果意识不到这一点，就无法向前。

共同依赖症状态中，拥有对方自己无法生存，失去对方自己也无法生存。

即使讨厌，也无法分离。

如同酗酒成性的人，有没有酒都无法活下去。

这是一种无法向前发展的关系。

会为错误的人竭尽全力。

恋爱的最初阶段，不会互相伤害。

但是，两个严重自卑的人在一起，总有一天会发展为互相伤害。

无法接受现实,一直怀着痛苦的心情活着

"因为我想迄今为止,历经苦难所缔结的婚姻,之后肯定能收获幸福,所以我才克服了种种困难,我不能放弃这段关系。"

妻子虽然对丈夫已经充满了失望、厌倦和矛盾,但是还是离不开他。

她反复在说:"我坚信他会回到我身边。"即便告诉她,他或许不会回来了,她还是强调:"我始终这么相信。"

其实她并不是真正相信,只是把"希望相信"说成"相信"。这也是外化的表现。

即使打心底里知道这个问题,但是,除了相信,她别无他法。她只能用相信来满足自己的幻想。

她没有开始新生活的勇气,也无法做出决断,更没有改变生活的动力。她并不甘于现状,因为现状真是不堪忍受。

那么她该如何是好？事实上，可能的选择少之又少。

她自己内心也清楚，这样下去自己也无能为力了。

而她心底这份"无能为力"的哀伤，正是她坚定的那一份"相信"。那一份坚信，是她求救的呼喊。

尽管如此，身边的人仍然会将她口头上的相信，解读成真正的相信，最后大家一致认为："这位太太，有点不正常。"

听到她说"我坚信他会回到我身边"的人，不仅不相信她嘴上说的，还会嘲笑她傻，她的丈夫根本不可能回来。

接着，周围的人给她提供解决的办法。

她的呼救，并非是寻求建议，因而与周围的人产生了分歧。

大家觉得她无可救药，就纷纷远离她。

提起和丈夫的关系，她总是把责任揽在自己身上，并对此自责不已。这份自责就是她患有心理疾病的证据。

她只是把对丈夫的憎恶、敌对转换到自己身上。这样的关系保持到老，她就会向丈夫复仇。

她嘴上说坚信丈夫在不久后就会回来。

但是，心里并不是那么认为的。这就是前面提到的外化心理的表现。

如果，她真正相信丈夫的话，就不会反复地说自己是相信的，相信丈夫一定会回来的。她不会说"他会回来的，对吧？",她只会静静地等待。

因为不相信,所以反复地让自己相信。只是嘴上说,坚信自己的丈夫会回来。

她绝对不是出于女性的美德才如此忍耐。只是无法接受现实,一味地执着过去罢了。

这就是女人处在被动、缺乏主动性和安全感的处境时,对现实的拒不接受。

我建议她起诉离婚,获得精神损失赔偿费后开始新的生活。她说:"要是我闹的话,丈夫会回到情妇的身边,所以我不能起诉。"

她想回到从前的生活,试图让自己安心,所以,即便没有回转的余地,还是在努力挽回。

努力挽回不可挽回的事情,就是执着性格的表现。

如同前面提起的,她在"呼救"。但是,该怎么挽回呢?事实上,怎么都无法挽回。

她只要不改变内心的想法,就根本不会有办法挽回。

那她的收获爱情指的是什么呢?

是在这场恋爱中,这份感情帮助她实现自身潜力的时候,她才算是收获了爱情。

而不是反复地说自己相信,而是应该摆脱不安,迈出新的一步,向前走。

美国第十六任总统林肯①说过:"对于大多数人来说,他们认定自己有多幸福,就有多幸福。"

这位女性声称若选择迈向新生活,她宁愿一生面对地狱般的日子。

一心希望丈夫能够回来的愿望将她困住,使她无法看清现实。对她来说,她需要跟过去的自己告别。

---

① 亚伯拉罕·林肯(1809—1865),美国政治家,第十六任总统。

患上共同依赖症，内心纠结，矛盾就会不断加深

　　如前面提起的那样，温伯格说："一段感情先是可以顺利发展，才可谈起其他事情。以此为前提，那就是绝不允许对方委屈自己。"

　　不论是恋爱还是婚姻，经营不下去的时候，说到底，都是因为当事人背后的心理问题。

　　失恋、离婚只是这一心理问题的表象。

　　在离婚诉讼中经常听到性格不合的说法，但是根本就不存在性格不合而导致的离婚。离婚是性格不成熟而产生的矛盾所致。

　　所谓性格不合，只不过是将自己情感上的不成熟以及心理成长中的种种挫折合理化罢了。

　　性格不合是当事人隐瞒自己心理不成熟的借口。

　　离婚或是失恋，不仅仅是他们当下的行为存在问题，背

后更深层次的心理问题也是重要的方面。

若是意识不到自己有着深层次未解决的心理问题的话，当事人就不会得到进一步的成长。

一旦用性格不合将自己长不大的问题合理化，这个问题就不会成为一个人成长的机会。

一个心理上不自立的人，空有一腔恋爱的热情，不能建立一段亲密关系。

约翰·鲍尔比[①]在《依恋三部曲》的第二卷第十八章讨论焦虑型依恋和儿童时期的"恐怖症"时指出："对人类来说，孩提时代养成的行为模式是很容易维持下去的。因此，幼年时期一旦选定了某种行为模式，即使成人后也不容易改变。"

恋爱关系里的矛盾，与其说是喜欢或是不喜欢，倒不如说是通过恋爱这种形式，表现出的一种彼此尚未解决的心理问题。

把恋爱用喜欢和不喜欢来诠释，本身就是错的。

把分不开理解为仍然喜欢对方。这不是喜欢，而是明显的依赖心理。

双方的心理问题也会影响恋爱关系的顺利发展。

这就像从酗酒成性的人口中说出的"我还喜欢喝酒"。

[①] 约翰·鲍尔比，英国精神病学家、心理学家，母爱剥夺实验和依恋理论创始人。

酗酒成性的人，到了依赖酒精的阶段，就绝不是单纯因为喜欢喝酒而喝酒了。

带着明显的依赖心理长大的人，谈恋爱也难免不会患上共同依赖症。

男人与女人因恋爱产生的问题，就是性格发展阶段的问题。

引发恋爱矛盾的几个因素：

1. 男人和女人本身所引发的矛盾；

2. 双方都有心理问题而产生的矛盾；

3. 上述两种情况都有而产生的矛盾。

共有三种类型的矛盾，若把2和3放在一起，解释为男女本身有问题，那是不正确的。

1的矛盾如果用出轨就能解决，就能很快得出是分开还是复合的结论。

除此之外的情况都会进展缓慢。很多人不会立马分开，而是会安于现状。

试图用恋爱解决自己内心的纠葛，就容易患上恋爱依赖症。

如果一个人对于其内心矛盾要通过恋爱表现出来这一观点缺乏理解的话，他就不可能收获爱情。

因为彼此认同而开始的恋爱，会随着时间的流逝，日渐成熟。

　　分手时,也会懂得即便分开也是一种好的结局。

　　分别意味着下一次相遇,这样才算是收获爱情。

　　彼此厌恶,还不分开的恋爱依赖症,就算在一起生活,也不是收获爱情。

年轻人的恋爱深刻却缺乏责任感

有人说,结婚就是收获爱情。但是,通过前文提到的例子,可知结婚并不等于收获爱情。

有些感情虽然无疾而终,但也可以收获爱情。

我在二十多岁的时候写过名为《啊,青春》(秋元书房,1967年)的小说,书中展现了我当时的人生观。

当时,我尝试用小说的形式将友情和爱情表达出来。这样可以更好地表现人们的心理。

主人公是一名叫凡太的高中生。他很自卑,情绪不稳定。凡太这个名字,凡是"平凡"的"凡",太是"太郎"的"太"。

我想说的是即使是平凡地活着,人生也充满困难。

从心理学角度来看凡太内心的呼喊,可以解释为这是青春时期的一种刻板的恋爱心理。

小说主要讲高中生凡太爱上了青里洋子,但是因为凡太的自卑感,这段恋情发展得不是很顺利。凡太不断地受到伤害,他始终被"说不定有一天自己就会被洋子抛弃"的不安所困扰。

凡太因为成绩不好而自卑,再加上在他心中隐藏着家里人的一个不能为人知道的秘密。他有如此多的问题,所以面对恋人时总是很自卑。

而凡太眼中的青里洋子,则是完美无瑕。

就在凡太饱受屈辱感、临近分手边缘的时候,一位比他年长,名叫黑沼由美子的女生出现了,凡太迅速被这个女生所吸引,但是最后也被这个女生甩了。

《啊,青春》所讲述的是一个"没有自我"的男孩失恋的故事。如果没有自我的话,即便再怎么认真,最后也会失恋。

如果"没有自我",不论怎么努力,怎么认真对待一段感情,都不会收获爱情。

下面的段落节选自《啊,青春》中男生和女生分开时的故事。

凡太收到了青里洋子寄来的分手信,信上写道:

我越来越觉得,我想要找的人并不是你。

我的内心充满了对你的愧疚。请你无论如何要相信我的真心。

请允许我今后像爱护朋友一样爱护你。

我不想和你成为陌生人。

把我和这段记忆,都当作是青春里最美丽的回忆吧。

把我和你的这段记忆深埋在彼此心中,当作没有被玷污的青春里的最美好的回忆。

给你,我的初恋。

虽然表面上描写的是分离,但是按照小说主人公的生活态度来看,他收获了爱情。

当然,明明是自己提出分手,却说让彼此把青春里没有被玷污的美好回忆永远铭记于心。这种站在自己立场上的发言,只是青里洋子自私的行为罢了。

她没有考虑对方受伤的心,也没有考虑过收到这封信的对方看过这封信后会有多伤心。

提出分手那一方的恋人,或许只是想让别人看到他们的爱情是美好的吧。

当然,如果青里洋子真的爱凡太,她就不会写这封信。

如果是分手,就会很决绝。不会再见凡太,也不会对凡太仍有留恋。这才是一个女人对一个男人的爱。

如果不分手,就不会离开凡太,好好爱他。

但我并不认为年少时的恋爱双方是真正爱一个人。期待从年少男女的相恋发展为一份成熟的恋爱的愿望一般会落空。

年少时期，不论是男生还是女生，每个人都有自己的内心纠葛，都在试图用恋爱解决自己的内心纠葛。年少时期的恋爱是不负责任的恋爱。

这是小说中另一段场景：

青里洋子回去后，凡太异常疲惫。身心俱疲的他，心情变得沮丧，就这样睡着了。

醒来的时候，已经是后半夜了。无尽的悲伤、抑制不住的寂寞向凡太袭来。凡太一个人在深夜里无声地哭泣。

凡太感受的爱是不确定的，他想要的是一段确定的爱，他被这段感情折磨得筋疲力尽。

也就是说，凡太是害怕女人的。蔑视女人的男人其实很害怕女人。被爱情折磨得筋疲力尽的凡太，或许患上了轻微的女性恐惧症。

但是，如果通过这样的失恋能够让两个人有所成长，那也是收获了爱情。

青春时代的恋爱和失恋，如果能促使两个人解决"从依赖成长到独立成长"这一人生课题的话，那么不管是否分离，都是恋情带来的收获。

经历了这样不成熟的恋爱，最终成长为能够成熟地恋爱的人，这也是收获了爱情。

就像前文举过的例子那样，即便从恋爱发展到结婚，如果一直无法脱离依赖心，变成彼此厌恶的话，也不是收获爱情。

从恋爱到结婚，两个人都厌恶彼此却无法分手，这根本就不是收获爱情。

前文所提起的那一对夫妇，就明显是一个到结婚也没有收获爱情的案例。

如果那对夫妻能在分开的夜里尽情哭过后，开启独立崭新的人生旅程，那样的话，也是收获爱情。

所以，在地板上痛哭流涕的自己，或许还是继续过无能为力的日子。

前文所举的所有例子，都是从恋爱发展到结婚没有收获爱情的例子。这些人只有在意识到双方只是依赖关系，能够下定决心告别这些的时候，才是收获了爱情。

患上了共同依赖症的人，总是需要有人陪伴在身边。

所以，他们无法离开对方。我不知道他们是否会为了下定决心离开对方而抱着对方的照片在无数个黑夜里哭泣。

患上了共同依赖症的人，他们恐惧分手后孤独空虚的生活。

但是，只有熬过这份痛苦和伤心，选择离开对方，那一刻才是收获爱情。

解决爱情矛盾过程的重要性

我写了一本名为《同一屋檐下生存的陌生人》(日本放送出版社，1994年)的书，书中写道："婚后生活中不可能不存在问题，任何婚姻都会存在问题。婚姻美满的重点在于解决问题的能力。如果有人想当然地以为婚姻不会出现问题，那他就是一个神经症患者，过分地要求不现实的事情。"

美国心理学杂志《今日心理学》，在1992年1月和2月发行婚姻特刊合辑，其中有文章就指出，任何婚姻都不可能在漫长岁月中一直保持幸福的状态。

就算成功的婚姻生活也会有问题。有解决问题能力的人才会过上幸福的生活。

在这里举例提到的都是缺乏解决问题能力的人。解决问题的能力是指沟通能力、认可对方的能力，具备能动性和积极性。

总之，在一段人际关系中，最重要的就是要有解决各种各样问题的能力。

婚姻的问题无法用理论解决。你发脾气说"这个问题应该这样解决"，这解决不了爱情中的矛盾。

虽然高喊着"不能杀人"，但这并不能制止杀人事件的出现。

在外人看似再风平浪静的婚姻，也必定存在各种各样的问题，只不过是两个人解决掉了这些问题。

并不是一开始就遇到了完美的婚姻，只是不断地解决问题，才让这段婚姻变得完美。

收获爱情，不能用离散聚合判定。分开也好，相守也好，彼此是否可以成长才是收获爱情的基准。

在《今日心理学》婚姻特刊合辑中，杜克大学的卡斯洛博士[①]提出，对婚姻满意度贡献最大的是夫妻解决问题的能力。

无论是经济问题、出轨问题或是婆媳问题。无论是什么，婚姻中的矛盾一定是存在的。正因为有矛盾，双方才会更加了解彼此。

解决纠纷的过程，就是相互理解的过程。

这里提到的夫妇，他们处理纠纷的过程不是彼此理解的

[①] 卡斯洛博士，美国持照临床心理学家，临床心理学博士。

过程,而是走向毁灭的过程。

所以无论怎么解决纠纷,都不会解决实际问题。尽管从恋爱走向了结婚,也没有收获爱情。

这些案例中的男女,都是在矛盾中暴露本性的人。

离婚也好,失恋也罢,问题在于是不是互相了解后才分开。分开之后,双方是不是都开阔了自己的视野。

如果分开后留下的只是埋怨,或者即便彼此烦了倦了也不分开,这些情形都不是收获爱情。

分开并不意味着没有收获爱情。所谓的没有收获爱情,是两个人到了分手的地步而没有成长。

恋爱、失恋、结婚、离婚,这些统统无关紧要。

关键是两个人有没有成为一个更好的人。无关是否绝望,而是两个人是否以此为转折点成长起来,这才是关键所在。

相恋双方得以成长,这才叫收获爱情的果实。

好的婚姻会让两个人遇到问题时,更加深入了解对方,两个人一起成长。

在解决问题时,彼此是否有积极的讨论?这样积极的讨论,让双方更加了解彼此。

尤其是像出轨这样的问题,或许可以通过彼此的讨论,明白男女之间存在的差异。

或许男人努力想给的不是对方想要的,女人或许也不知道男人想要的是什么，于是，就产生了矛盾。

在解决两个人的矛盾的过程中，才能真正理解对方。不断成长为一个成熟的人，这才是收获爱情。

以为自己是喜欢对方、了解对方，就草草结了婚，这样做是行不通的。

不费力气就坠入爱河，任谁都可以做到。但是，是否收获爱情与坠入爱河完全是两码事。能否收获爱情，取决于一个人的努力，也反映了一种人生态度。

人际关系中，最重要的就是彼此认可。这并不是如嘴上说说那样简单。

人都要忍受失恋的痛苦成长

  这一章所举的案例,从法律上、表面上而言是收获了爱情,因为从恋爱发展到了结婚。

  但是实质上并没有,实际上他们很绝望,因为双方都没有做到在矛盾中成熟起来。

  他们的做法总是消极的,换句话说,只想要轻松快乐,不想经历苦难,所以不会收获爱情。

  本章案例提及的夫妇,在法律上和表面上虽然收获了爱情,其实都很绝望。

  这与弗兰克尔说的"成功与失败"并不矛盾。[1]

  这些夫妇证明了弗兰克尔说的没错。

---

[1] 维克多·埃米尔·弗兰克尔(1905—1997),奥地利神经学家、心理学家,大屠杀幸存者,意义治疗学创始人。《弗兰克尔著作集5 神经症》,霜山德尔译,美铃书房,1961年。

收获爱情的真正意思是，即便分手也会留下一段美好的回忆。分开十年后还认为是美好的回忆的话，就是收获过爱情。

是否收获爱情，真正的意思是两个人最后是发展成一段亲密的关系，还是最终只以憎恨收场。

即便从恋爱发展到结婚，如果最后只是彼此憎恶，从本质上来说，就没有收获真爱。

弗兰克尔称只在"成功与失败"的范畴中思考的人为"工作的人"。

弗兰克尔解释道，从一个仅以"成功与失败"为中心生活的人的角度来看，这不是一项成就。实际上，从"充实与绝望"的角度来看，这是人类出色的成就，它也代表着最好的行为。

以"充实与绝望"为核心生存的人其实是"苦恼的人"。

弗兰克尔认为，比起工作的人，苦恼的人在维度的层面上更具有优势。

因收获爱情而幸福的人，本身就不是一个绝望的人。

即使表面上失恋了，但拓宽了自己的视野，本质上来说也收获了爱情。

他们不只以"成功与失败"为中心思考问题，而是悟出了人生的价值、人生的意义。

收获爱情的人，骨子里就是一个积极热爱生活的人。

受苦的人即便处在最糟糕的境地,也能让自己的人生过得充实。

因为这是以"充实与绝望"为核心生存的人。①

失恋是痛苦的,对谁都是如此。

痛苦越大,对一个人的人生价值和意义就越大。

这样的观点对于那些以"成功与失败"为核心生存的人来说,是愚蠢至极的想法。②

但是如果因为这种认识而退缩的话,真正的幸福也会随之溜走。

谁都会受伤。有很多人在如何抚平伤口上选择了错误的生活方式,因为曾经受过伤,就变得容易受伤。

也就是说因为被伤害过,所以产生了不想受到伤害的防御心理。因为防御变得更加容易受伤,就不会再对人敞开心扉了。

一段爱情如果能在收尾的时候,给一个人带来活着的自信,这也算是收获爱情。

即便恋爱发展到结婚,但是没有让自己变得有底气,这样就不是收获爱情。

---

① 《弗兰克尔著作集 5 神经症》,霜山德尔译,美铃书房,1961年。
② 《弗兰克尔著作集 6 精神医学的形象》,宫本忠雄、小田晋译,美铃书房,1961年。

如果想牢牢把握自己人生的价值与真谛，收获幸福，那就要忍耐失恋后的巨大痛苦。

苦难烦恼越多，人生越有意义。

但是，说到底，这苦恼都是成长的苦难烦恼，而不是失恋或为了报复所招致的苦难烦恼。

第二章

"理想伴侣"并未出现

"三分钟热度的人"在恋爱中总会饱受折磨

我翻译过一位美国作家的名言集[①],书中有这样一句话:

"买沙发和椅子的时候,一定要用心多试坐几次后再买。"

购物前最需要做的就是问问自己购买的理由、目的和实际需要。

买家具的时候,首先就该考虑自己家里的空间、摆放的场所。不论买什么,最重要的是要知道自己买东西的目的,然后买到与其相符的东西。

人际关系也是如此。

一定要小心三分钟热度的人,这样的人就是非要和不适合自己的人相处。

---

① H.杰克逊·布朗:《名言开拓人生》,加藤谛三译,讲谈社,1994年。

买椅子、沙发前，不提前感受一下，买完了才后悔自己白白浪费了钱。

或是买了看着顺眼的桌子，但是买回来后却放不进自己的房间。

前面已经写道：购物前最需要考虑的就是买之前问问自己购买的理由、目的和实际需要。因为买东西的人就是"自己"。

必须买适合自己的东西，否则即便买了也没有意义。只是白白浪费时间、精力和金钱，还影响了自己的情绪。

心性成熟的人，看人的第一印象大都很准，值得信赖。心性成熟的人，不会执着于自我，因此他们会看到真正的对方，可以看透对方到底是什么样的人。

反之，心性不成熟的人，看人的第一印象大多是错误的。他们在意的是对方如何看待自己，他们只考虑自己会给对方一个怎样的印象。这就是为什么心性不成熟的人会看不到对方。

因为内心孤独，所以会被表面的温和所欺骗。不管怎样，因为过分执着于自我，所以看不到对方。他们不关心对方的人品，只关心自己是否被对方所称赞。

因为强烈的自卑感，一旦被对方称赞就会热情高涨，从而对对方一见倾心。相反，因为强烈的自卑感，一旦被对方贬低就会受伤很重，从而讨厌对方。

有一种心理叫作"找到理想的人"，这和崇拜英雄一样。

三分钟热度的人也是如此。

有一个自己迫切想追求的人，或为把某个人看成是那个自己想要追求的人而变得热情高涨。但是，因为现实中没有那样的人，所以立马冷淡下来。

看到的不是眼前那个真实的人，只是通过眼前的这个人看到自己憧憬的那个人，这就是心理的外化。

所谓外化，就是自负地把自己的想象当作外界的现实。

因为自己的幻想过于强烈，所以不看现实的对方，而是将眼前的人看作是自己想象中的那个人。

因为试图满足自己强烈的依赖欲望，就把那个人看成是可以满足自己依赖心理的人，但是，因为现实中没有自己想象的人，所以立马冷却下来。

在恐怖的环境里，给你看一个人的脸，然后让你判断这是一个什么样的人，你往往会认为他是一个坏人。

如果自己害怕，则会把所看到的人当成一个坏人。这是因为把自己的恐惧感外化在了对方身上。

依赖心强的人，想要一个满足自己任性的人。他们想要的伴侣是，即便自己已经是一个剩男或剩女，自己还是活在童话世界里。

他们肆意幻想有一个"他"可以给自己想要的生活。他们一想到这，就变得热情高涨。

俗话说："情人眼里出西施。"看似在看喜欢的人，其实不过是从对方这面镜子里看到了自己的内心。

所谓"没有邂逅的机会"的谎言

有些人明明身处优渥的环境之中,却还是做什么都觉得不满意。

有些人总是阴着一张脸,不论是对社会、对学校,还是对职场,都是一味地抱怨。

有时候,不是身边环境充满了威胁,而是一个人的心一旦感觉到了危机,就觉得处境充满了威胁。

事实上,眼前发生的事情不存在胁迫,也不存在什么精神压力。但是,只要人的心里有了被胁迫的感觉,他就认为处境充满了威胁。

人的内心一旦感到害怕,他就会对周围的世界产生恐慌。

患有神经症、自尊心又强的母亲,她们尽可能地利用着自己的孩子,却还大言不惭地说她们让孩子自由发展。

她们牢牢束缚孩子,却还说他们可以随心所欲。

因为这些母亲必须给自己洗脑,说自己是个好母亲,以此让周围的人能够理解她们那神经质般的自尊心。

所以,她们让孩子按照这样的方式"自由成长"。实际上,她们从小就利用孩子,即便孩子长大成人也把孩子当作是自己的一部分财产。享受着这样的生活,然后美其名曰:我让孩子随心所欲地做任何事情。

为了让自己成为一个出色的母亲,她的孩子就必须这么做。

因此,孩子就会觉得这些是理所当然的。

她们看到的不是真实的孩子,孩子只不过是她们炫耀的工具。

人们常常说的"对自己行方便",其实就是指用外化这种心理来解释为自己所用。

容易三分钟热度的人,可能在孩提时期就没有被对自己来说最重要的人认同吧。

也就是说,他们没有确立自我意识。

于是这种外化就成为他们认知他人缺点的障碍。同样地,也会妨碍他们认识别人的闪光点。[①]

因而,虽然自己有机会遇到完美的对象,但是却不会得

[①] 卡伦·霍妮,《神经症与人的成长》,诺顿公司,1950年。

到他。

至于说什么"没有邂逅的机会",其实,并不是没有这样的机会。

只是因为他们尚未确立自我,根本不具备识别对方的"慧眼"。

为什么这么容易沉溺于"一见钟情"

一个自暴自弃的神经症患者,需要一个伟大的人。他需要这样的人来认同自己,从而努力克服自己的无力感。

在这种情况下,就必须做出"他是个了不起的人,不是一般的人"的假设。

当一个所谓的大师诞生在一个群体中时,成员为了在心理上说服自己,就会把那个人看成大师。

有些年轻人会把对方神化。英雄崇拜就是青春期心理不安定的表现。

无论是恋人、朋友,还是熟人,都把对方理想化为一个"伟大的人"。

他们看到的不是一个生活在现实中的伴侣。他们会出于自己的内心需求,把对方看成是自己理想中的男人或理想中的女人。

然后，对他们来说，对方是理想的人物，满足了他们自身的需求。

有一种爱情，叫作一见钟情，并且看似非常迷恋，竟把自己的伴侣当作是世界上最好的女人。

女人也认为这个男人是世上唯一的好男人，于是双方成为爱情的俘虏。

愚蠢的爱往往都是一见钟情的爱。

美国有一本名为《爱的心理学》的书，1988年由耶鲁大学出版社出版，是心理学各路人马的论文集。

里面有一篇题为《爱情三角理论》的论文，作者是罗伯特·J.斯滕伯格[①]。下面便是论文的观点：

"爱情包括三种成分：激情、亲密和承诺。"

其中，只有激情是一种"痴情"。

"愚蠢的爱"来自缺乏"熟悉感"。

斯滕伯格所说的这种"愚蠢的爱"有几个问题。

第一个问题就是大家都知道的：把对方过于理想化。他们不看现实的对方，仿佛陶醉于自己，将对方美化得无可挑剔。

因此，这种"愚蠢的爱"只有在恋爱未完成时，才能避

[①] 罗伯特·J.斯滕伯格，20世纪美国认知心理学家，首倡人类爱情三角理论。

免破灭。但是，愚蠢的爱情是不会有结果的。

激情会习惯。而一旦适应这份激情，就会觉得对方没有以前那么刺激了。

这不论是在爱情中，还是在其他事情上都是一样的。在这方面，爱情和酗酒没有什么区别。

弗洛姆也在他的书中提出："突然的熟悉是一种奇迹。"① 据说，这只是性的吸引。

用爱得多么疯狂来证明自己的爱是多么热烈，其实只是错觉。这句话说得恰如其分。

我们以为爱得热烈，其实只是证明了自己是多么孤独。

---

① 埃里希·弗洛姆，《爱这回事》，悬田克躬译，纪伊国屋书店，1959年。

一种"傻傻的爱情"心态,导致了一场刀光剑影的争斗

一般来说,一场"傻傻的爱情",随着时间的流逝,两个人情感的热度会渐渐地出现不同程度的下降,但是不管是哪一种,都会有一方先冷却下来。

然而,没有冷却下来的那方就会纠缠着对方,进而消耗彼此。

当最初的兴奋感逐渐退去,随之而来的冲突、失望、倦怠让最后残存的兴奋感也消失不见。①

激情退去的人或许会因这句名言而终于明白,原来他以为的"伟大的激情",不过是彼此克制的欲望而已。

如此一来,当两个人情感的热度下降时,退去热情的人才会发现对方并不爱自己。

---

① 埃里希·弗洛姆,《爱这回事》,悬田克躬译,纪伊国屋书店,1959年。

随着时间的推移,才开始意识到对方根本不爱自己,他根本不了解自己。

这种"傻傻的爱情"不是对恋人的关心,只是为了将自己内心的渴望、需求投射到对方身上。出于治愈自己的寂寞以及对性的需求等渴望,所以才会与对方一见钟情。

在一段"傻傻的爱情"中,自己想要一份这样的感情,自己想拥有一个这样的恋人,而这些不过都是自己的渴望,他们将自己的渴望映射在对方这面镜子中。

他们错误地认为,照在对方这面镜子里的欲望,就是对方本身。其实,想当然的对方,不过是自己欲望的外化而已。

因为只是看到对方身上所反映出来的自身欲望,所以一直看到的都不是对方,两个人谁也没有爱着谁。

总的来说,热情冷却这方的恋人,多少能明白这段"傻傻的爱情"的本质。

然后,因为热情退却,开始讨厌对方,对方因而变成一个不愉快的存在。

沿着这个步调发展,仍处于热情激扬的那方便开始心怀憎恨。因此,这份"伟大的爱"最后直接引发一场持刀相杀的凶案。

当谈着这样一场傻傻的恋爱的时候,双方都不是关心对方,所以,对于彼此的要求,不会怀以任何慈悲之心回应。

只是一味地通过对方来满足自己的需求,这是一种爱情的饥饿感、性的不满足感,他们会不惜一切代价也要满足它们,并且会把这一切以爱之名相称。

之所以会出现一见钟情,就是彼此都存在这些心理问题。

当你感到孤立无援,或遇到性欲得不到满足等问题时,没有什么比拥有一个能一劳永逸地解决这些问题的人更难得的了。

这就是一见钟情背后的心理机制。

换句话说,不是因为认可对方才与对方交往的,只是因为彼此都有自己的心理问题,两个人都是为了解决这个心理问题才开始交往的。

但是,这个世上没有什么法宝可以一下子解决所有的心理问题。

因为双方都存在心理问题,所以这些问题最终都会浮出水面。

这时,崇高的爱就会变成憎恨。

这样的爱并不是爱对方,对方是谁都无所谓。他们对对方并不感兴趣。反正他们只想满足自己的需求,对方是谁都无关紧要。

没有一个心性成熟的人,能够做到见到对方5分钟还不到就爱上对方,因为他(她)不知道他(她)要面对的是一个什么样的人。

在5分钟内判断出对方想要的是什么,判断出对方是一个什么样的人,这显然是做不到的事情。

总之,在恋爱之初,我们常常会把自己的渴望外化到对方身上,这就是为什么对方看起来是理想中的女人或理想中的男人。

此时交往的对象,不是现实中的那个人,而是自己臆想出的理想的男人或理想的女人。

我在一本美国的心理学图书中读到,恋人一开始爱上的是"理想中的约翰",而不是"日常的约翰"。

"理想中的约翰"和"日常的约翰"这两种说法,让我觉得很有趣,印象深刻。

作者说,把自己的这种憧憬投射到对方身上,在这种将对方理想化的过程中,恋人不知不觉弥补了缺失的"熟悉感"。

即使没有"熟悉感",也会营造出有"熟悉感"的错觉。作者认为,这种"熟悉感"的缺失,导致了日常生活中的各种差距,致使人际关系恶化。

不喜欢自己的人不会顺利恋爱的原因

所谓外化,就是不仅在恋爱上,而且在任何事情上,都会通过"别人"这个载体来感知自己的感受。当你责备自己的时候,你会觉得是别人在责备你。

比如说,本来你是在跟自己生气,但是外化会让你觉得是别人在拿你撒气。

有句话叫,拿别人当出气筒。看起来是对不相干的人发火,其实是自己跟自己生气。这个例子有助于我们理解外化。

人对自身没有感到满足的时候,是做不到对别人善良的。无论是孤独无助,还是性欲得不到满足,在自己都体会不到满足的时候,是做不到对别人善良的,就算是恋人之间,也做不到这一点。

但就是因为这些欲望得不到满足,这些人才会被恋爱的激情套牢。若是考虑到这一点的话,是不是就能理解外化这一心理过程呢？

外化的定义是什么？就是"把自己内心的心理过程完全当作外在事件来感受"。

就像你在对自己发火的时候，感觉到的却是别人在生你的气。愤怒是自己内心的一种心理现象。

有些人抱怨自己的学校，因为某种原因去了别的学校，于是他又吐槽新学校不好。

有些人刚刚交到朋友，但转过头就说这个朋友不好。不断结交新朋友，也不断抱怨他们的不好。

只要讨厌的是自己，不管结交多少新朋友，过段时间还是会讨厌他们。

只要讨厌的是自己，任何爱情也都不会有结果。不管你怎么努力交往一个新的恋人，总有一天你会讨厌那个恋人。

当你察觉自己做了一些错事时，你会把责任推到别人身上。其实，要怪的就是自己。

过于揣测对方的人，通常都会经历一个外化的心理过程。担心自己会不会被这样那样地揣测的原因，就是自己会在心里过分地揣测别人。

总之，那些试图通过外化来解决自己的心理问题的人，都不知道该如何消除自己的愤怒感和挫折感。

就是那个出现在我面前的人，似乎能一下子解决我的问题——这就是情侣之间的"愚昧的感情"。

这也是为什么心理有问题的人,会马上坠入那些伟大的、炙热的恋爱之中。他们或许以为爱情的火焰在燃烧,其实,他们只是为了摆脱自己的挫折感。

正是因为自己感觉不到满足,所以才会坠入这段"热烈燃烧的爱情"中。

即便他们虚张声势,不停地欺骗自己,但是都无法处理掉自己对真实的自己产生的挫折感。

于是就产生了由于外化而开始的"愚昧的恋爱"。日常生活正派、本分老实、自我满足的人,是不会突然坠入一段伟大的爱情中的,他们只会慢慢地对对方产生好感。

"愚昧的恋爱"中的情侣,迷恋彼此,想方设法地化解自己的苦闷。他们希望自己的孤独感被治愈、性欲被满足,自己的生活焕然一新。

所以,彼此都对对方赞美有加。但事实上,他们并没有考虑过对方。这是暂时性地、表面化地化解自己心中的苦闷。即便如此,还是深信不疑和对方是彼此相爱的。

"愚昧的恋爱"中的情侣,只贪图对方满足自己的要求。所以,时间久了这段爱情必然会出现问题。

双方对彼此提出百般要求,"想让对方为自己做这个""想让对方为自己做那个"。而当对方无法满足自己的要求时，矛盾便接踵而至。

彼此之间只是想着被爱，在他们的内心，搜寻不到一点痕迹证明是爱着对方的。

热恋的时候，对方是自己的理想伴侣——"他是爱着自己的恋人"。

然而，这是因为他们没有意识到这只不过是自己的愿望反映在伴侣这面镜子里。

只是错把自己"理想中的恋人"当成是"爱着自己的恋人"。

但是在现实中，他面对的只是一个对他提出百般要求的人，实际的伴侣和理想中的恋人完全相反。

双方都试图改变彼此，让对方成为自己希望的样子。但是，他们都不会试图改变自己。有一个能够满足自己需求的伴侣很重要。

本来对方是应当满足自己的需求。但在现实中，对方只是一味地对你提出要求。

对方会坚持自己对另一半的要求，但是，对方也没有改变，于是，要求恋人改变的一方就会开始讨厌没有做出改变的恋人。

"迅速建立起亲密关系的人"和"慢慢建立起亲密关系的人"之间的区别

自然而然，人们在外化的过程中，对他人产生了扭曲的印象，以扭曲的方式解读他人。

为什么宗教团体的教徒会如此崇拜他们的教主？

这是因为他们可以在自己的心中形成一种"希望如此"的欲望。他们把这种欲望外化在教主的身上，深信教主就是"那种人"。他们把真正的教主错当成自己想象的教主来崇拜，崇拜的只是自己想象的教父而已。

他们不看真正的教主，只看自己心中想要的教主。他们只把现实的教主看成自己想要的教主。

同样的事情在恋爱时也会发生。人们希望自己的伴侣是自己渴望的理想型，这种欲望十分强烈。

于是，他们利用对方来看自己的欲望。他们看到的根本不是对方本身，而是对方映射出的自己的欲望。他们仅仅是通过对方看到自己的欲望，从而赋予现实中的伴侣其并不具备的特质，这就是外化。

妻子说"我老公绝对不会出轨"，她的这种想法就是外化。当她从丈夫的内裤上发现了女人的毛发时立马就大吵大闹。

这位妻子看到的不是现实中的丈夫，只是通过丈夫来看自己的渴望。她心中的丈夫，是通过丈夫这面镜子映射出的只属于她自己的自负想法。

所谓外化这种心理，就是把映射在别人这面镜子中自己内心的渴望，误以为是对方本人。妻子的渴望就是"自己想要一个绝对不会出轨的丈夫，我的老公就应该是这样的一个人"。

把自己的渴望，想象成眼前的这个人的心理，就像那句俗语，"情人眼里，麻子也是酒窝"。自己心里以为的"酒窝"，其实是"麻子"。

越是得了神经官能症的患者，越是会通过外化这种心理过程看待对方。他们不看现实的对方，无关尊重，也无关不屑，只是一厢情愿地认为"对方就应该是这样的"，只是把对方想成是自己认为的那样。

愚蠢的恋人常说自己被"背叛"了，其实他们并没有被背叛，只是自己一味地认为"麻子"是"酒窝"而已。

与一见钟情正相反的是日久生情，即一段关系会随着时间的流逝而越来越近。下面这段对话摘自圣埃克苏佩里的《小王子》。

"不是，"小王子说，"我在寻找朋友。'驯化'是什么意思？"

"这是常常被遗忘的事情，"狐狸说，"它的意思是'创造关系'。"

"创造关系？"

"是啊，"狐狸说，"对我来说，你无非是个孩子，和其他成千上万个孩子没什么区别。我不需要你，你也不需要我。对你来说，我无非是只狐狸，和其他成千上万只狐狸没有什么不同。但如果你驯化了我，那我们就会彼此需要。你对我来说是独一无二的，我对你来说也是独一无二的……"①

迅速建立起亲密关系的人，彼此都有心理问题，所以才会发生矛盾。

他们突然间变得亲密起来，是因为他们因一些负面情绪

---

①《小王子》（岩波少年文库53），圣埃克苏佩里著，内藤濯译。

而结缘。比如治愈了自己严重的自卑感,或分担了敌意,或消除了彼此的孤独,或恰好恨的是同一个人。

一个心理健康的人,需要花费一定的时间来与人建立起一段亲密关系。

关系好,不等于有共同的利益。那些因为共同利益而结交的人,如果在下一次利益分配中产生冲突,那么就会反目成仇。

这样聚散离合的人,都是突然与你变得亲近的人。人与人之间的关系不会突然变得亲密无间,除非是为了解决自己的心理纠葛。

即使趣味相投,心理健康的人也是要慢慢拉近彼此的距离。

如果你看到一个人似乎突然间变得和你很亲近,最好不要太接近他。这是因为你们的心理都存在问题。你一旦卷入其中,就不会得到一个好下场,最后就会被对方怨恨。

在小心突然接近你的人的同时,如果你发现自己突然想接近某个人的时候,也要试着反省一下自己。

也许你们还没有亲密无间,只不过是两个人走得近一点,虽说还没交心,但是关系也很好。

突然陷入热恋的两个人,不久就会憎恨彼此而变得伤痕累累。如同这样,即便在同性之间,这样的事情也会常有发生。

假设我们两个人都孤立无援，十分焦虑，或者两个人有共同的利益，又或者假设我们之间有共同的敌人，或者是假设什么别的原因，我们就这样相遇了。

如果你这样遇到他，你就会突然和对方建立起亲密关系，确切地说是接近彼此。即使我们都认为对方是个好人，但我们看到的也并不是对方本人。

"把对方理想化",你和他都会不幸福

即便没有到神经症的程度,一个心理有疾病的人,他们在见过对方不久后,就想赠予对方东西。不是送手账来,就是送日记。

曾经有一位女性跟我说过,有一个人和她第二次见面的时候,就突然双手奉上他的日记本,并说"请你阅读!并请你替我保管它",她觉得很不爽。

给她日记的人不仅不是一个无业游民,还是一个在社会上有一份体面工作的人。所以,她自己也不知道该怎么解释那个人的行为。

觉得不爽的女人不明白,社会地位与心理健康没有任何关系。所以,她无法理解一个"正派"的人,为什么会做出这么奇怪的行为,于是就会心生厌恶。

当然,这个让女人保管自己日记的人,便是一个患有神经症的人。他对这个女人一见钟情,因此,他就会以"贿赂"

的方式，提出一段神经官能症的爱情要求。

一见钟情，本身就是患有心理疾病的证据。这个患有神经官能症的人，还纠缠和他在聚会上见过一次的女人，但是没有让对方这个只见过一面的人保管自己的日记。

我还在《认真是为了得到回报的心理学》[①]中论述了一见钟情。

不管怎么说，世上有一见钟情这种事，并且看似非常迷恋对方。他们甚至会把自己的恋人，当作是全世界最好的女人。女人也认为，这个男人是世上唯一的好男人。于是，双方就会成为爱情的俘虏。

马上就陷入一段热烈的爱情中的人，通常是心理没有成熟的人。

"Infatuated love" is "love at first sight".（"痴迷"是"一见钟情"。）

这种一见钟情的恋爱，不是爱上了现实生活中的伴侣，而是把他的伴侣看成了一个他想象中的理想女子，并爱上了她，并说"她是世上唯一的好女人"。

这句话出自我前面介绍的《爱的心理学》一书里一篇叫作《爱情三角理论》的论文。

[①] PHP 研究所，1994 年。

而这样的恋情，就是因为不熟悉而产生的。亲和力，对人们来说至关重要。一个人如果缺乏这种能力，那么在看到某个异性的时候他就会突然热血来潮。

像这样突然就热血来潮的人，其实都存在各种各样的心理问题。我认为第一个问题就是——他不看现实生活中的对方，他们把对方看成自己的想象。

他们把对方理想化了。所以，这样的恋爱一旦达成，马上就会不复存在，因为他们所面对的是现实生活中的对方。

第二个问题是痴迷，谈恋爱就像着了魔一样，耗光精力，被爱所吞噬。本来爱情是让你更加积极地生活，但是这样的恋情不但没有让你更加开朗，反而是更加颓废。

这样的恋情，只不过是这个人将自己的心理需求投射在对方身上所产生的结果。

对方不是理想的，而是出于自己的需求认为对方是理想的。

比如说，那个人身上有一种爱的饥饿感，这是抑郁症的表现。幼稚的欲望停留在他的心底，他要求人们竭尽所能地接受自己。自己处于被动的状态，期望对方能为自己打理好一切。

有些人就是这么要求别人的。

这时，恰好有异性出现在他或她的面前，然后，他或她会把对方看成是一个能满足自己需求的人。

而对方会觉得很困扰,他们并不会觉得自己被看作是理想中的男人或女人,是一件很开心的事情。

但是,坠入爱河的人却无法理解这一点。

这也是为什么一见钟情的人,一般都会相继换情人,因为他们无法和别人建立亲密关系。

这样的人并不接受原本的对方,他们试图改变对方,以适应自己的需求,然后会因为对方没有变得像自己需要的那样而产生不满。

亚伯拉罕·H.马斯洛[1]在《动机与人格》一书中指出:"大多数的人因为对自身的不满,而创造出一个不切实际的伴侣。"[2]

越是对自己不满的人,越会把对方理想化。他们看不到真实的对方。

假设有一个女人对一个她认为在这个世界上独一无二的男人一见钟情,但她是一个对自己不满意的女人,那无论她怎么将对方想成"完美的男人",爱情都不会实现。

---

[1] 亚伯拉罕·H.马斯洛(1908—1970),美国社会心理学家、比较心理学家,人本主义心理学的主要创建者之一,心理学第三势力的领导人。
[2] 亚伯拉罕·H.马斯洛《动机与人格》,小口忠彦译,产业能率短期大学出版部,1971年。

※

第三章

小心那些无法成为恋人的人

白痴才扮演一副可怜兮兮的样子让对方回心转意

当我们试图轻易感动一个人时,会不自觉地利用负面情绪。这与其说是感动,不如说是"绑架"。

沟通分析理论①把这种慢性的、公式化的负面情绪称为"代用感情"(Racket Feeling)②。其中,有一个隐隐的意图,就是要改变他人。

这些负面情绪是试图用来改变别人的。然而以改变别人的行为为目的,使用代用感情,这就是强迫。例如,他们夸夸其谈自己的苦难,或呜咽,或叹息,或摆出一副愁眉苦脸的样子。这样一来,对方就会产生负罪感,同情自己的遭遇。

---

①TA 沟通分析(Transactional Analysis,以下简称 TA),国际沟通分析协会所下的定义是:"TA 是一种人格理论,也是一种系统的心理治疗方法,以达到使人成长和改变的目的。"
② 代用感情:当一个人本来具有的感情遭到禁止和抑制时,替代基本感情的一种感情就产生了。

在一些琐碎的小事上卖弄着不相称的悲惨，显示出对时事的极端情绪反应。

每当有事情发生，他们就把自己当成悲剧的受害者或主角。

明明和恋人相处得很好，却还是生闷气。

心中有纠葛的人，都会用这样的方法"感动"他人，操纵他人。

那些被代用感情所支配的人，经过长时间的相处后，就会离开"操控"自己的人。

即便只是被对方抛弃过一次，最后也会永远逃避感情交往。

在沟通分析理论中，称这种代用感情为"心灵黑手党"。"心灵黑手党"妨碍我们收获爱情。

小时候，利用代用感情让别人可以按照自己的想法去做事情。有过这样体验的人，长大成人后也会使用这个技巧。因此，他们在心理上很难成长。

即便利用代用感情和对方坠入爱河、喜结良缘，但那也不是收获爱情。两个人最后都会憎恨彼此。

人生的最后，如果只是剩下憎恨的话，那么这一生就没有收获过爱情。

死而无憾的人，他们的恋爱都是开了花、结了果的爱情。

不管爱情是否有结果，都和分不分手没有多大关系。

互相伤害的情侣，不幸的婚姻，这些人即使表面上看是收获了爱情，其实事实上根本没有。

通过沟通分析理论发现，人们都害怕发现自己的最佳状态。

因为当找到最佳状态时，就必须停止沉溺在慢性的负面情绪中，也不能改变别人对自己的态度。因为自己是一个优秀的人，所以不可以做这些事情。

之所以会沉溺于负面情绪中，是因为你在通过它间接地表达自己的愤怒。如果你不沉溺其中，你就无法发泄心中的愤怒。

有慢性的、公式化的负面情绪的人，他们的内心有巨大的愤怒。但是，他们害怕被人讨厌，所以不会直接表达出来。

如果哪怕是表面上做到攻击、指责对方，你都不会被这样的负面情绪所困扰。

一直利用代用感情和沉溺在慢性的、公式化的负面情绪中的人，一旦没有心中的怒火作为武器，就会丧失与人交往的自信。

他一直感慨自己因为胖才不配被人爱，他的这种感慨，间接表达了自己的愤怒。

自己不是因为胖才不值得被别人爱，是因为没有过上自我实现的生活，所以才没有被爱。

因为使用代用感情操纵他人,所以才不会被爱。

如果变成一个值得被爱的人,从而改变自我印象,这意味着什么?

这意味着放下了我们生活中所有的武器。焦虑是很自然的事情。

一直以来夸大自己太胖的悲哀,虽然是间接表现着自己的愤怒,但是也不失为是一种把对方留在自己身边的方法。

一直靠说"老公因为我胖才看轻了我是吧",试图用这种方式把老公留在自己身边。

但是一旦找到自己的最佳状态,就不会再用这种方法了。这也是他们害怕发现自己最佳状态的原因。

让我来说的话,像代用感情这种负面情绪,就是一个人依赖上了一个根本不值得依赖的人。

一个能清楚地告诉别人自己想法的人,不需要沉溺于这种慢性的负面情绪中。

如前所述,利用代用感情发展的感情,是不适宜的感情反应。

抱怨这段恋爱于自己来说是多么艰难,这一点,在爱情无法实现的情况下尤其如此。

收获不到爱情的人总是经常使用代用感情。

当他们哭诉自己爱得多么痛苦的时候,就是在呐喊"多爱我一点"。

使用代用感情的人，内心充满纠葛。

心中有纠葛的女人，往往会花心思得到一个男人的心。

而缺乏自信的男人，想要有一个女人在身边。于是，就会被这个内心有纠葛的女人约束得死死的。

一个自信的男人，可以看穿以这种代用感情为手段的女人的内心骚动。然而，本来就对爱情如饥似渴的男人，只会觉得受欢迎很开心。于是，就会被这个心中充满纠葛的女人拿来消磨，最后消耗殆尽。

当然，将男人和女人换过来也是如此。

使用代用感情的人，隐藏着一份敌意，不论何时都会爱上不该爱的人。

一旦如此，敌意出来，爱情就变成了修罗场。

因为使用代用感情的人，心底里积攒了很多戾气，所以爱情永远不会有结果。而当你伤心欲绝的时候，怨恨就开始猖獗起来。

心理健康的人，会想如何让爱情成功，如果不行，就会果断放弃。

避免自己受伤才谈的恋爱

外化的人,不管到什么时候,都不会与人深交。

外化的人,就活在自己封闭的小世界里。

外化就是指不与他人接触。即使别人对他说了一些贴心的话,他也感觉不到。相反,他会认为这是对方在责备自己。

即使对方出于好心,守护着他,他也感觉不到。事情不顺利的时候,就会觉得对方在责备自己。

因为他的心中有责怪别人的想法,所以他就会把这样的想法外化,认为是别人在责怪自己。

也就是说,外化的人看似在接触对方,其实接触的并不是实际的对方。

因此,不论是初见,还是相处十年之久都是一样的,他接触的只不过是自己以为的别人。

外化的人不是在和对方打交道,他只是在通过对方来处理自己的负面情绪。对一个在同一个屋檐下生活了十年的人也好，还是完全不熟悉的陌生人也好，都是同样的感觉。

这也是为什么有些人以前一直一副很亲密的样子，会在转眼间就形同陌路。

虽说他们在同一屋檐下生活了十年，但是一直没有用真正的感情交流。因此，即便立马开启一段和对方完全没有关系的生活，这些人也不会有一丝悲伤。

他们会仿佛什么都没有发生过一样，平平淡淡地随着下一个人的到来而开始新的生活。

特别是即便和下一个人的关系一直处于一种敌对状态，他们也可以从容地开启新的生活。而与上一个人的关系，就好像什么都没有发生过一样，从自己的心里和脑海里消失得一干二净。人际关系也好，生活也好，都不会随着时间的流逝而积攒下什么亲近的人与事物。

这样的人就是自我厌弃的人。

这样的人谈恋爱会怎么样？纵使他们谈了，也不会有真正恋爱的感觉。说着这样的恋爱是自己喜欢的，其实只是在扮演一场周围人看来很甜蜜的恋爱。

一个自我厌弃的人说："我们两个人经历了很多。"

殊不知这些话中没有一句肺腑之言。

这样的人谈恋爱，不论现实中发生什么事情，他们都能在一番挣扎中不受到伤害。这样的人会用一张嘴来辩白所有的事情，他能把乌鸦是黑的说成是白的，从而使自己免于受到伤害。他能把"分开"解释成"我爱你"。这就是狡辩。

自我厌弃的人，即便谈恋爱，也不是真正爱着对方。这也是为什么爱情会因伴侣的不同而降温。

爱情不分环境，但爱情会随着环境的变化而消失。

自我厌弃的人，就是不自立的人。

自我厌弃的人，自己都不算真正活着。

无论他在经历什么，他的真实感受都被排除在意识之外。或者说，无论他经历了什么，他都不会产生很深厚的感情。这是因为，他自己本身就没有属于他自己的情感。

在情感沉闷的人那里，没有开心和不开心的事情。有的只是一种漫无目的、缥缈不定的情感。

这样的人从不知道真正喜欢一个人是什么感觉。

连结婚这个话题于他们来说，都像是买一个玩具，不外乎就是在玩一场恋爱游戏。

这样的人，想要拥有眼前的人，可是这并不能让他得到自己真正喜欢的人。自我厌弃的人，无论如何都分不清自己是不是真正喜欢一个人。

自我厌弃的人说的"我开心"和自我实现的人说的"我开心"，在内容上是有区别的。

自我厌弃的人，回望自己的人生会发现没有轨迹可循，没有什么美好的回忆，没有什么和自己来往的人。

　　内心空空荡荡，自己的心也无处安放，所以身边只有一些因利益才聚在一起的人。

因为害怕热烈的感情而无法谈恋爱

的确,人们倾向于由周围的环境决定自己的生活方式。尽管如此,自己向往的生活方式,也能由自己说了算。

卡伦·霍妮说:"自我厌弃的人失去了生活的方向感。"

有方向感就是要有一种态度,要有接受现实中的自己的能力,活在现实中。

年轻人在无限的可能中有自己的方向感,他们有能力在这个方向上挖掘自己的潜力。然而,自我厌弃的人失去了这种方向感。他们受周围的人的影响,会在所处的环境中随波逐流。

自我厌弃的人,他们没有"自己"想做的事情。所以,他们无法决定他们的将来。

他们在一段热烈的感情中,接触的不是真实的对方。对他们来说,一切都是中规中矩,没有什么特别之处可言。他是个善良的人,他是个傲慢的人,他是个聪明的人,他是个没有文化的人,他是个快意恩仇的人。"善良的人""聪明的人""没有文化的人"这些都是笼统的说法,没有体现对方独有的个性。

A先生很善良,C先生和A先生一样,也很善良。A先生的善良和C先生的善良对于一个自我厌弃的人来说是没有区别的。

易怒的人总是让人厌恶。但是,即便是易怒的人,也会因为这个人是"他"而原谅对方。但是,现实中并没有这样的"他"存在。

分开后,也不会后悔"不该对那个人发脾气"。

正因为他们随时都会生气,所以对他们来说,身边不会有这样一个"他"。

对自我厌弃的人来说,像这样的表面情怀,很快就会消失。这样的感情没有根植于自己的内心,只是一段设定好的感情而已。

自我厌弃的人,没有属于自己的感情。正因为如此,即使是热烈的爱情,也会很快因为没有投入自己的感情而变得冷淡。

又或者,一旦受到伤害,热烈的爱就会变成憎恨。

当收获不到爱情的果实时,我们应该反思是不是我们没有对自己的生活投入真情实感。

婚姻失败的人的特征

欺骗婚姻不单单是因为结婚的愿望很强烈，有时候也是因为想要钓一个"金龟婿"。如果是想要一段适合自己的婚姻，就不会上当受骗。

这和赚钱被骗是一样的心理。通过老老实实工作来赚钱的人，基本不会被骗，被骗的都是想获取不义之财的人。

他们之所以被骗，是因为他们想方设法偷懒耍滑，想不费吹灰之力就能赚到钱。

不过和欺骗婚姻不同，很多婚姻失败的人，他们都自私自利，对伴侣的事情漠不关心。

有个女人很渴望恋爱，想早一点结婚，这样夫妻两个人就总是可以一起吃饭，一起逛街。孩子是两个人的宝贝，她想生好多孩子，幻想着两个人，一起精心地呵护孩子成长。

因为这个愿望过于强烈，所以这个女人早早就结了婚。

但是嫁的男人并不属于家庭型的男人。

如果这个女人真实面对自己的心,那么对于男人隐藏的信息,女人在交往中就会发现,从而意识到这个男人到底是一个什么样子的人。

男人的话题总是围绕着政治展开,每当聊到政治交易的话题时,他的眼睛里都会闪过一丝光亮。如果女人能够面对自己真实的内心,那她应该会注意到男人不是一个家庭型的男人。

一个人如果过于自满,就会忽视对方,也很难理解对方的心情。

美国心理学家大卫·西伯里(David Seabury)[①]说过"应该关注自己的注意力",但是这些人的注意力总是放在自己身上。

因为关心在意的不是对方,所以根本无法和对方沟通。

任何一个拼命推销自己的人,都是把自己当作一个优秀的男人或漂亮的女人。但是,他们的心都是关闭的,无法和别人沟通。

忙于推销自己的人看不到对方。

推销自己的人,是在寻求被爱。这意味着他们没有爱的

[①] 大卫·西伯里,美国知名心理学家,著有《找回你自己》。

能力。

他们的注意力只放在自己的身上,尽力推销自己是一个优秀的男人或漂亮的女人,这样的人是无法和他们沟通交流的。

同样,卖惨的人,也看不到对方。

这个女人一心只想"快点儿嫁给这个人",却没有意识到对方的性格。

当然,这个女人也喜欢这个男人,但她可能并不爱他。

如果真爱一个人,就会站在对方的角度看问题。然后就不难看出这个人不是一个家庭型的男人。

之后就会在内心得出结论:"我虽然喜欢这个人,但是我不能和他结婚。"

一个对信息持"开放"态度的人,会意识到对方的本质。但是,当你被某件事情所困,处于封闭的心态时,你就意识不到对方的本质。

是否可以注意到,取决于自我执着的程度。

所谓"封闭心态"其实就是自我执着,他们只爱自己。有"开放心态"的人才会爱上别人。

如果内心放空,那我们就会从对方的言行举止中注意到对方的本质。

为什么与自恋者的爱情是乏味的

自恋的人一旦陷入了爱情就会自我陶醉,当他们接触到现实的时候就会容易动摇。

以下是一个案例:

女人37岁,有过一次失败的婚姻。她爱上了一个有家室的男人。她想和他有一个自己的孩子,后来就生下了男人的孩子,现如今他们三个人一起生活。

男人38岁,有家庭,但是他是一个典型的只爱自己的人。他的妻子知道他有一个37岁的情人。

情人已经搬到了男人家附近。男人为她买好了窗帘、地毯等生活用品。这些购物的小票被家里人看到了。

男人的父母哭着求女人离开他们的儿子。

但是男人之前对女人说过:"我的心意已定,你也要坚定。"他一直说:"我们一定会在一起的,一定不会分开。"

然而，他和她的事情一败露，男人的态度立马发生了天翻地覆的变化，他一下子就回到了发妻的身边。

女人感慨道："他现在已经和我说了分手了。"

可他还说他怎么都放不下这边的三口之家。

男人害怕现在拥有的一切发生变化。

他的妻子说："他不是那种会因为两个女人而翻脸的男人。"总而言之，他是一个既放不下父母又放不下孩子的人。

37岁的女人说起他，说："他和我之前的老公一样，也是常顾着工作的人。"

女人说自己不能放弃，因为男人说过他要一直和自己在一起的。

如果连人都分不清，那就只能招致麻烦。

他说："我心里都是我的老母亲。"

他说这不是对8岁和10岁的女儿的爱，是他对母亲的依恋。因为离不开母亲，他无法在最后做出决定。

被这样的男人喜欢，没有任何意义。

他曾经说过："到时候，我就离开父母，离开妻儿，连财产也不要，来到你身边。"

因为他就是这样一个自私的人，油嘴滑舌，自己也沉醉在花言巧语中。这样只爱自己的人，根本不知道何为爱情真实的样子，只是嘴上说得好听，玩弄着对方的感情。

他先后离开家三次。离开家不是因为下定决心，只是因为家里让他没有了兴趣而已。

　　他说了那么多过头的话，被人发现后，却回到原来的家庭中。真正能兑现自己承诺的人，不会说这种过分的话。

　　总之，说这些话的人根本不可理喻。无论他说什么，可信度都很低。

　　只是她自己不明白。之所以不明白，是因为她自己没有真实地面对自己。所以，聚集在她身边的都是一些不会坦诚面对自己的人。

夸夸其谈者的真面目

他无法解决表面上的事情，也不能从正面回应这些事情。

他不过是个自我依恋者，认为"虚伪的爱"就是"伟大的爱"。

弗洛姆指出，声称为"大爱"的"假爱"是一种偶像崇拜的爱。

他还说："这样的爱情，其标志就是在爱情开始时，用语言来描述爱的强烈和突然。"

人们越是在无奈中挣扎，越是误以为"假爱"是"大爱"。

他对女人说"你不能住在这样的公寓里，我要给你买一个更好的公寓"，还说"为了孩子也要买一个新的公寓"。男人虽然嘴上说着这些话，其实只是在安抚女人。

弗洛姆所说的是"假爱"，若说成是"错爱"可能更好。

自我依恋的人会把"假爱"当作"大爱"并沉醉其中。

自以为是的恋人，他们的言辞都是极端的。

"凡太想要拥有现代人类自克罗马农人以来，在地球上所诞生的恋爱中最神圣、最悲惨，同时也最美好的恋人。"

直到两个人完成人类应尽的义务那天，也坚信他们美好的爱情长存于自己的内心。在凡太看来，他们的爱情是如此神圣，以至于他们不得不分开。

凡太想起一位哲人说过的话："没有永恒，一切都会消逝。"①

这部小说的主人公不就是在美化自己的恋爱、陷入自我陶醉之中吗？这不过是不会采取实际行动的人夸大的言辞的堆砌。

被现实打败的人，才会有这样的想法。如果你生活在现实中，你不会需要"现代人类自克罗马农人以来"这种夸张的说法。因为生活得不切实际，所以才需要这些狠话。

自恋的人才说"自己的爱人是这个世上最伟大的女人"。这样的话说出了一个被现实打败的人的心理。

在现实中，身心健康的人不会说出这样的大话。

为了收获爱情就不要相信那些过激的话。

---

① 《啊，青春》，加藤谛三著，秋元书房，1967年。

哪怕是收到一封信说:"我坚信,从地球上只有变形虫的远古时代开始,到地球冷却、没有生灵存在,也都不可能有比你更伟大的存在。"那么这段爱情也该结束了。

因为这句话是自恋者的口头禅。

说出"我比任何一个人都爱你,谁都不会再像我爱你这般爱着你",这段爱情就结束了。

假如你收到过他写给你的信说:"不论发生什么,我都会和你一起面对。不论多么艰难,我都会陪你一起度过,只要我知道我和你是同样的命运我就知足了。"可是这段爱情已经结束了。

"你无法想象,接触到真实的你带给我的这份惊喜。"

"对你的这份爱,我可以在你面前,在上帝面前,在我的良心面前发誓。"

这些爱的呐喊在自恋者中很常见。他们就是想卖一个关子,从旁观的角度看起来就像是一部狗血的电影。

因此他说:"我现在已经摆脱了盲目的爱。"爱人就离开了。

恋爱结束后,应该怎么做

分手也没有关系,只是这个时候我们需要反思一下,为什么这场恋爱结束了。如果不反省,或许下一段恋情最终也会是另一种灾难性的经历。

如果想要责备对方,首先要问自己:"自己为什么竟被对方迷恋到这样的地步?"

我为什么要把爱情的火力开得这么猛?

这或许就是你的自卑感和孤独感在作怪。突然热恋的原因,是自己的性欲没有满足,或是自己觉得孤独。

如果你的感情从热恋变成了恨,那你就要在自己的内心深处寻找正确的原因。

如果你在恋情结束后不能正面面对自己内心的孤独,那么你就会再次疯狂地爱上一个会伤害你的人。

我们需要反思的是我们过于以自我为中心,对自己提出过高的要求。

可以找到自我的时候,才叫收获了爱情。

恋爱中的人总是会有一些误区,所以他们的恋爱并不都成功。

其中之一就是认为恋情之所以没有结果,是因为爱上了一个错误的人。

这是谬论。恋爱失败不是因为找错了人,而是因为在你的身上缺乏爱的能力。

大多数人都认为收获爱情与自身爱的能力无关,全凭交往什么样的对象。

只要能够找到适合的对象就可以恋爱成功。但是,这种想法就好比你为了画画,不学习绘画技巧,只想着找到一幅好画,就能临摹出一幅好的作品一样[①]。

如果能够意识到,没有收获爱情的原因,是自身不具备爱的能力,那么,即使最后分道扬镳,这段爱情也是有了结果的。

至少这个人走在通往收获爱情的路上,总有一天爱情会成真。

但是,如果你认为这一次恋爱失败的原因是自己找错了

[①] 埃里希·弗洛姆,《爱这回事》,悬田克躬译,纪伊国屋书店,1959年。

对象，那么下一次同样如此，你还是只会认为是自己没有找到合适的恋爱对象。无论过多久，无论你爱上多少个人，这样的爱情都不会成真，都不会有结果。

恋爱修成正果、收获爱情意味着与对方变得亲近，慢慢敞开自己的心扉。

能够对方一开口，就知道对方要说的是什么。

有时候简单一句"是呀"就足够。

有时候是刚提起一句开头，就知道接下来要说的内容。

没什么事的时候，也能打打电话。

或者到餐厅吃饭，看着菜单说着"我要这个"的时候，对方就能知道你要点的是什么。

又或者一起闲聊，不论多久都不会累。

两个人能说一些琐碎的小事，即便是一些无厘头的话。

两个人的接触都不会很勉强。

他们不会极端主义。

那些谈着极端恋爱的人，是感觉不到爱情的温度的。

欲望膨胀的人，本身就没有温度。何况他们自己都不喜欢自己。

爱情的温度包罗万象。

只爱自己的人的心，就是恋爱不会开花结果的心。

像那些跟踪狂，他们并不打算成为对方想要的那种人。

对于他们来说，首要的想法就是"喜欢自己"，而不是爱别人。

他们没有想过要努力成为别人喜欢的"自己"。

相反他们会认为自己明明那么喜欢对方，但是对方却不理会自己，这样的人简直不可理喻。

总而言之，他们并没有活在现实中，他们只在意自己的感受。

这样的话，是不可能顺利发展人际关系的。

读那些焦虑的人写的信，听着他们的故事，我发现他们在不停地抱怨着自己身边的人。

也许就是这样吧。

但是没有人会说"我做了这样那样的努力，才有了这样那样的故事"。

对于有烦恼的人来说，最重要的就是在"我想这样"的时候，相应地为此付出该有的努力。

换句话说，"我想和那个人交往"或"我想和他的关系变得近一点"。

但是同时也必须要有这样的觉悟，那就是"为成为这样的人而努力"的觉悟。如果一个跟踪狂能够有"努力不被那个人讨厌"的觉悟，那么事情就会迎刃而解。

他就会思考"为什么对方会讨厌自己"，然后就会决定"自己再也不尾随他们了"。

只要恋爱,就会发生矛盾。

这时,就有两种人:思考"这是为什么"的人和不思考"这是为什么"的人。

思考"这是为什么"的人,就是在尽力了解对方。

最后,就会解决这个矛盾。

虽然还会有矛盾发生。

可是他们又会想"如何才能体会对方的心情"。

有了这样的努力,就又解决了一次爱情中出现的矛盾。

这样的次数越多,对人性的理解就会越深,就会收获爱情的果实。

对人性理解的深化,意味着爱情会开花结果。

不付出努力的恋人,是不会有好的结局的。

而不幸的是,在爱情中遇到困难的人,都是不努力的人。即便努力,也只是自以为是的努力。

年轻的时候,我们都有过失恋的经历,问题在于如何走出这场失恋。

恋爱没有得到形式上的满足,并不代表这份爱情没有收获。失恋后的态度决定了这场恋爱的意义。站在长远的角度来看,那段心碎的日子或许会让自己的人生变得有意义、有收获。

失恋的伤口会随着时间的推移而愈合。继续抱着这样简单的想法，以为自己下一次一定会遇到适合自己的人，那么这场失恋，就什么都没有教会你。

如果一直以这样简单的思维思考，那你就会不断地被这样未结果的恋爱所折磨。

有的人离婚后就过上幸福的生活，而有的人却永远都得不到幸福。其实问题根本不在于离婚和失恋。

时间不会解决问题。

但是时间会教给我们解决问题的办法。

只是这个答案需要我们自己去想。

因为只考虑对方而陷入了"危险的爱情"

没有人可以独自生活。长时期的孤独,本身就很累。孤独的人都想在内心深处治愈自己的孤独。

弗洛姆在《逃避自由》中提到,对孤独强烈的恐惧感,使他们无法实现自由。

对孤独的恐惧,可能是最基本的恐惧。与他人交往,本身就是一种满足孤独者自身需求的方式。

对于被孤独折磨的人,以及还没有尝过孤独之苦的人来说,与他人的关系本身就具有很重要的意义。

换句话说,除非你为他们做一些事情,否则他们不会和你交往。做的事情有时候是精神层面的事情,有时候是经济层面的事情。

但是不论如何,这样的人如果什么都得不到的话,便不会再与你交往。但是,我们不能忘记一点,也有一些人即使不做任何实质性的努力，仅仅是在一起就能满足对方的需求。

如果你想到饲养宠物的事情或许就可以理解，如果你想到一个外国的小孩子住在寄宿家庭里，也是可以理解的。即使这个异国他乡的小孩子没有为寄宿家庭做出任何实质性的贡献，寄宿家庭里的人也会感到满意。

人与人之间的交往，建立在有来有往，你有所取，他有所求的基础上。当然，我已经说过很多次了，如果我们再说"我必须要做一件事"的时候，仅仅只是就事论事，那就会闹出笑话。

如果我们不把"只是在一起就很开心"的思考方式纳入其中，那还是做不到这一点。

如果你遇到一个陌生人，和他一起喝茶，而且很享受，下次可能还会和他一起喝茶。

另外，刚才我也提到了，邀请一个知悉孤独的人，可能本身就有意义。不是去看棒球、打网球这样的事情让他们觉得满足，而是邀请他们这件事本身就会给他们带来满足感。

恋爱也是如此，满足感是通过特定的人来获得的。所以，如果谈恋爱的话，就会逼着自己去努力增加对方的满足感。

即使恋爱中的人不为你做任何事情，你也会觉得很满足。

这就是为什么常说，如果你在夜总会工作，你就不要爱上来这儿消费的人。你必须要赚钱，但如果你喜欢上了来这儿消费的人，即使没有得到经济上的收益，你的欲望也会得到满足。

一旦获得了这种满足感，就会在没有金钱的情况下和他重复互动，形成稳定的关系。

有时候，也有人会被误导，比如一个富家千金。她认为对方和自己交往的这件事让对方很有成就感。换句话说，她认为对方和自己交往的这件事，让对方产生满足感。这种想法过于自以为是。她是在施舍对方一份感情。

当然也存在反例。一个女孩喜欢上一个男孩，女孩是高三学生，男方是大学法学院的大一新生。为了能够和男孩交流，更好地了解他的情况，女孩参加了法学院的入学考试。男孩在登山远足社团。于是，女孩加入了她所考取大学的登山远足社团，这样她就可以和他一起上山了。

不管这样的做法是好还是坏，这个女孩没有想过自己能够以空手套白狼的方式收获这份感情。

相反，他们过于把对方和自己的关系放在首位，以至于丧失了自我。想法是对的，但除非自己对对方有意义，否则爱情不会有结果。因为这样只是误解了对方对自己满意的地方。

其实不必付出这么多,对方也会满足。哪怕女孩做着自己喜欢的事情,对方也会满足于和女孩的关系。但是,女孩不明白这个道理。

从社会学的角度出发,女孩会变成这样:她付出了如此多的努力,但是也没能听到自己喜欢的男孩说一句温柔的话,也没能够和他一起去爬山。于是她就不再努力。然而,这不过是绝大部分普通的人都会有的情况。

如果你的心理有一点小毛病,你可能会沉醉在自己对无私的爱的承诺中。沉醉于自己,自己创造了一个从别人那里得不到的回报。事实上,用这种方式为自己创造回报的情况很常见。

然而,现实中的她却不是这样,她其实是心理依赖强度太高。她注意不到自己的问题,便开始对对方产生了不满。她在迎合对方。

但是,她并不是因为在心性上的成熟才迎合对方。她这样做,是为了获得伴侣的爱。

他已经变成她身体的一部分。

所以当他离开她的时候,她就会患上抑郁症。她总是想着他的事情。其实并不是全都因为他,而是为了她自己。

为了让自己不受到挫折,出于必要才把他当作自己身体的一部分。

依赖性强的人，他们的爱情即便是虚假的爱情，有时从第三者的角度看，也是柔情蜜意。当然，依赖者本身就假定他们的爱是真爱。但他们却在潜意识里要求自己爱的人放弃自我。这就是看似虔诚的爱情所隐藏的危险性。

第四章

渣男、妈宝男一辈子都改变不了

不能抛弃渣男的妻子的内心

一位成年妻子打电话倾诉:"我老公自从6月离开家后就再也没有回来过。"

两个人私奔来的东京。丈夫今年29岁,开始与所供职的公司里的一个女人同居。出轨的女人是由一家与电脑相关的中介公司派遣过来的一名短期员工,今年30岁,一个人住。

丈夫和她在同一个小组工作。5月份丈夫生病住院时,妻子在医院里见到过这个女人。

4月下旬,丈夫因为工作太忙,每天都不能回家,他从公司给妻子打电话说"我想回家,我想回家"。事实上,妻子说:"那段时间他是能够回家一趟的。"

他每次离开家的时候,穿着身上的那一身衣服立马就走了,她像一个母亲一样挂念着他。在他们一起生活的5年里,她一直扮演着母亲的角色。

"我的丈夫不喜欢与人结交,也没什么朋友。工作的公司也是一直在换。就算交了朋友也不会用心对待,最后就没了来往。"

他无法和一个不扮演"母亲"角色的人交往,不管是同性还是异性。除了"母亲",他不能和任何人建立起一段人际关系。

妻子说:"我的丈夫向我父母借了一大笔钱,足足300万日元。这些钱用来偿还他和我结婚之前欠下的债。在结婚前,他穿的也都是一些和他当时经济状况并不相符的高档品。"

她把这样一个丧失自我、没有自信的男人说成"他对他自己的工作超级有自信"。

她还不明白他的虚张声势其实恰恰反映了其内心的自卑。

这是一种伪装成"超级自信"的自卑情绪。这样的人,无论进入哪家公司,都不会和身边的人融洽相处。

自卑感强的人无法与人进行正常的社交。总而言之,他不可能是一个成年人。

尽管丈夫去了女人那里,但是妻子的态度却相当豁达。她笑着说:"我要是生气的话,不就是一个傻瓜嘛。"

但妻子的笑声是干笑,不是发自内心的笑而是绝望的笑。

想必笑过之后，她的脸色就黑了。"他在那边身体不好，还去看了医生。"她为此担心不已。然后，她就把保险卡送去了，还附带了一些钱。

虽然她对这个男人感到失望，但还是努力表现出很喜欢他的样子。她虽然对他们的婚姻感到绝望，但是她不愿意放弃自己作为母亲的角色。

对她来说，丈夫更像是自己的儿子。她和那个女人都是在扮演着丈夫的代理母亲。

《彼得潘综合征》（祥云社）的作者丹·凯利（Dan Kiley）[①]指出，许多女人通过逃避到母亲的角色上，来应对她们面临独立时的恐惧感。

女人如果因为强烈的依赖心理，恐惧独自一人，那么最后就会和这样一个无法成长的男人在一起，白白糟蹋了自己的人生。

这是一个强烈恋母的男人和一个因为心理上无法自立而逃离到扮演男人母亲角色的女人之间的故事。

这个妈宝男，同时依赖两个女人。因此，他对妻子和情人都没有敌意。

但是，如果这个男人没有得到妻子的认可，他会怎么样？

[①] 丹·凯利，美国著名心理学家和临床心理治疗师，伊利诺伊大学心理学博士。

这可能会像弗洛姆所说的——他会"陷入轻度的焦虑和抑郁状态",对妻子怀有敌意。当然这里说的敌意指的是依赖性敌意。

接下来试着考虑一下这个心理过程。

为什么不应该和妈宝男交往?

妈宝男不论何时,都无法摆脱自己的恋母情结。就算都是妈宝男,他们的症状也是有重有轻。

弗洛姆说:"一个良性恋母的男人需要一个能够给予自己保护、爱、温暖、关怀和夸奖的女人。"[①]

换句话说,他已经进入一个想被表扬、想被保护的倒退阶段。

明明想要一个能够给予自己保护、爱、温暖、关怀和夸奖的女人,但是如果女人没有起到这样的一个作用,当这种情况出现时,会发生什么?

他会对自己面对的女人产生不满。可以说这是一种依赖性敌意。

即使身边有这样的女人存在,妈宝男会因依赖性敌意感到痛苦。但是,如果没有这样的女人存在,他们又会因为自己的欲望没有得到满足而感到痛苦。

[①] 埃里希·弗洛姆,《关于恶》,铃木重吉译,纪伊国屋书店,1965年。

弗洛姆说:"如果他不能得到这样的女人,他很容易陷入轻度的焦虑和抑郁状态。"①

处于轻度的焦虑和抑郁状态的人,可能会在这个时候说:"我不快乐是因为我没有××。"

但此时此刻,并不是"因为我没有××"。"××"只是为自己的依赖性抑郁所找的借口。

像这样的男人,即使有了"××",也会不开心。他把不满看成是外部的世界造成的。比如,老板不称职、公司不好、失业、失恋、落榜等。但外界并不是他不满的真正原因,导致他愤怒和沮丧的根本原因,是他自己性情上的不成熟。

前面提到的女主人公,就像代理妈妈一样。但是如果没有这样的女人,男方就没有精神上的支持,从而"陷入轻度的焦虑和抑郁状态"。

但是,话说回来,是不是有爱人就万事大吉了呢?当然不是!他会要求爱人像母亲一样给予自己保护、爱、温暖、关怀和夸奖。一般来说,这样的要求都不会被满足。

换句话说,他对自己的爱人不满意,从而不得不怀有依赖性敌意。

即使有爱人,他也会产生依赖性敌意和依赖性抑郁反应。

---

① 埃里希·弗洛姆,《关于恶》,铃木重吉译,纪伊国屋书店,1965年。

但即使没有爱人，他还是会"陷入轻度的焦虑和抑郁状态"。

弗洛姆说："身上有乱伦的固着（incestuous fixation）这一现象的男人，也就是妈宝男（恋母情结的男人），这样的男人会选择一个别无所求的女人，也就是一个可以无条件依赖的女人。"

他要的是一个不会让自己产生依赖性敌意的女人。像刚刚的妈宝男一样，选择一个允许自己和两个女人在一起的妻子。

解决"依赖与敌意"的心理难题，就是心理成长。换句话说，选择一个可以无条件依靠的女性，就意味着是在寻找一条退路，可以让自己不用解决心理问题，就能生存下去。

但是，这样的女人一般都是不存在的。所以这样的男人一旦谈恋爱，总会对恋人产生依赖性敌意。

身上有"乱伦的固着"这一现象的男人，也就是妈宝男，不论怎么挣扎都不会获得幸福。即便自己拥有世上所有的财富，得到所有的女人也都不会幸福。

即使现实的苦难都不存在也不会变得幸福。

这是因为即使他们在生理上和社会上已经是成年人，但在心理上仍处于婴儿时期。他们追求的是不切实际、无条件的爱。

是什么培养了一个渣男,怎样避免成为渣男

弗洛姆指出:"乱伦的固着是男女之间最基本的激情之一。"①

具体包括"人类的防御本能、自恋的满足、责任、自由、试图从负担逃脱的渴望,以及对无条件的爱的追求"。②

他表示,事实上这样的欲望一般是幼儿所固有的,而更重要的一点是母亲要满足幼儿的这些欲求。

这其中就会发生很多问题。换句话说,如果母亲不能满足这些需求会怎么样?

如果母亲不能满足"无条件的爱的追求",那么欲望依然存在。即使是长大成人,在内心深处,也仍然会像个学步的孩子一样渴望无条件的爱。

---

① 埃里希·弗洛姆,《关于恶》,铃木重吉译,纪伊国屋书店,1965年。
② 埃里希·弗洛姆,《关于恶》,铃木重吉译,纪伊国屋书店,1965年。

如果我们把"无条件的爱的追求"想得更具体一点,那是什么意思呢?

那便是"即便我跑得不快,你也会爱我;即便我唱歌不好听也要夸奖我;即便我不漂亮也可以接受我;即便我不聪明也要喜欢我"。

接受"真实的我"就是对"无条件的爱的追求"。这是帮助我"保持原状","我爱的就是原本的你"就是无条件的爱。

和那个人在一起的时候,你不需要撒谎。这就是无条件的爱。

例如,孩子考试没有取得好成绩,放学回家后,他可以不用对母亲撒谎说自己考得很好。换句话说,这是一种"什么都能说的关系"。

这是与弗洛姆所说的"爱是一种回报"完全相反的爱。"爱是一种回报"是一种赞美的爱,夸奖你取得了好成绩。

小孩子可以感受到,即便自己不是一个特别优秀的人,自己也是被爱的。这就是在无条件的爱中成长的孩子。

小孩子因为被母亲这样无条件地爱着,他的心理就会成长。以这种方式被爱,会让其对所依恋的人产生一种信任感。

这种信任感是作为一个成年人信任身边人的基础。

那么,反过来说,一个从未被母亲无条件爱过的男人,会怎样呢？他们不求爱别人，只求得到别人的爱，就像一个蹒跚学步的孩子追求被母亲爱一样。

但是他们根本不可能得到这样的爱。可以说，没有女人爱男人会像母亲爱自己的孩子一样。

换句话说，小时候母亲没有满足孩子对"无条件的爱的追求"，这样的男人长大后会继续追求无条件的爱。而因为长大后得不到这样的爱，所以他们就会不断受到伤害，于是心里开始憎恨。

就算和成熟的女人谈恋爱也会受到伤害，感到不满足。对于这样的男人来说，只要得到的爱与追求的爱不同，就会不断受到伤害。

即使女方认为自己是爱他们的，但男方也会受到伤害。

两个人之间，有一条不可逾越的鸿沟。

在前面妈宝男的例子中，看似妈宝男得到了两个女人的爱，其实不然。这两个女人没有鼓励他像一个男人一样长大。从真正的意义上来看，这两个女人并不是真的爱他。

弗洛姆指出，如果母亲不能满足这一基本需要，小孩子将无法生存。

虽然不知道无法生存是什么意思，但他会对周围人没有信赖感。

不安的时候，孩子希望依赖母亲。但是，孩子的母亲不可以让其依赖。这样的亲子关系就是鲍尔比（John Bowlby）所说的不稳定依恋。

这样长大的孩子，不能与人建立信任感。

男人为何选择像母亲一样的女人做妻子

弗洛姆指出,乱伦的固着是神经症发展的第二阶段,如下文所述:

通常所说的"在情况还没有很严重的情况下,这样的男人想要一个总是表现得像母亲一样照顾自己的人,她们对他没有要求。换句话说,这种固着就是,想要一个可以无条件任自己依赖的女人"。①

现实生活中,很难找到一个没有任何要求的女人。

因此,这样的男人,如果和某些对自己有要求的女人在一起,就会处于愤怒的状态,因为她不可能心甘情愿地照顾男人。

因此,他们一直都不开心,也讨厌接近自己的女人。

---

① 埃里希·弗洛姆,《关于恶》,铃木重吉译,纪伊国屋书店,1965年。

女人一有什么事情拜托他们,他们就会恼火,觉得愤怒,这是因为他们需要的是一个对自己完全没有要求的女人。

只要对方一说"你不要这样做""你不要给我说这些""你这样做的话就会……"这类的话,他们就会立马生气。

对于这样的男人来说,妻子最重要的就是照顾丈夫。

只要伴侣说"我不喜欢你的这些地方,你改过来"之类的话,男人立马就火冒三丈。

找一个照顾自己的女人,从另一个角度看,意味着对这个男人来说,这个女人已经变得太重要了,男人已经迷失了自己。

女人哪怕只是稍微说点男人的不好,男人内心的平静就会荡然无存。

原本的好心情,会因为伴侣一句不经意的话,立马就转变为沮丧。

换句话说,伴侣的一言一行都会影响他的心情。从另外一个角度来说,对男人来说,伴侣已经处于非常重要的位置。

"在更严重的情况下,有的男人会找一个极像母亲的人作为自己的妻子。"[1]

但是,即便选择一个像母亲的女人当妻子,妻子也不是

---

[1] 埃里希·弗洛姆,《关于恶》,铃木重吉译,纪伊国屋书店,1965年。

自己的母亲，因此不开心都是一样的。

归根结蒂，男人会找一个像母亲一样的女人为妻子，就是因为从没有体验过被母亲爱护的感觉。

这样的男人，渴望得到母亲的爱。选择一个像母亲一样的女人做妻子，就是对追求母爱的一种执念。

"弗洛伊德观察到，婴儿时期对母亲的依恋，对大多数人来说都难以克服，这其中蕴含着巨大的能量。"[1]

婴儿时期没有得到完整的母爱，而产生对母爱的渴望，会让人终生都不快乐。

如果他们能够意识到这一点，改变自己的生活方式，那么不论自己渴望的母爱满足到何种程度，他们的一生都会收获幸福快乐。

幼儿时期对母亲的依赖包含着巨大的能量，当这种依赖得不到满足时，你的依赖能有多大，相应的不满就会有多大。

当这种情况发生时，这个人的内心深处就会产生仇恨。"内心的土壤里"也会充满不满。

然后，他们就会通过外化，认为这个世界也充满憎恶和不满。

---

[1] 埃里希·弗洛姆，《关于恶》，铃木重吉译，纪伊国屋书店，1965年。

"丧失自我"的人陷入的心灵危机

乱伦的固着的最终阶段就是"丧失自我"。

到了乱伦的固着阶段,就是发展为心理出现危机的阶段。

弗洛姆说,孩子与母亲的牵绊期结束,就进入了个体化的阶段。然而,因人而异,有些人虽然进入了个体化的阶段,但是却不能实现自我,这样的人,一直带着一种不安往前走。

人在实现自我的过程中,只要不是依靠自己、相信自己,就会被焦虑和恐惧主宰。

而实现不了自我超越,就不会有责任感,也没有自己的人生信条。

"拥有自我"就是要在此基础上,更多地依靠自己、相信自己。

除非一个人在与母亲的关系结束后,在其个体化发展的过程中培养出了独立自主的能力,否则,包括爱情在内,这些人所有的人际关系的发展都会受到阻碍。

第五章

失恋的痛苦

失恋的痛苦到底是什么

战胜了失恋的悲伤,人就会改变,获得成长。

当受伤的心被悲伤撕扯得难以呼吸的时候,上苍教导我们要"放下"。

然而,即便对一个失恋的人说"忘掉悲伤",也并不是说他轻易就释然了,说"的确是该放下了"。

不论我们怎么劝失恋的人从失意中走出来,他们仍旧"就想见那个人"。

虽然明白"走出失恋的阴影,人会成长",但是还是想把自己的难过告诉对方。

每当发生什么糟糕的事情,正是因为有那么一个人的存在,所以自己才能够劝自己"不再想这些不开心的事情"。

但是,现在已经失去了那个人。这样一来,"不再想这些不开心的事情"就变成了一句空话,甚至会觉得"人生因为没有了他（她），而变得毫无意义"。

一旦失恋就会意志消沉，觉得整个人生都没有任何意义。

下面一小段节选自《啊，青春》，主要描写了男主人公凡太的内心想忘又忘不掉自己的前女友青里洋子。

回到自己的房间，啊，这下我谁都不会遇见，没有人可以伤害我了。凡太仰躺在床上。

昨天晚上我哭了，今晚我又要哭了。这样也好，一个失败的人通常都是这样吧。

"我什么时候才能从对青里洋子的爱恋中走出来呢？"天快亮了，凡太还是沉浸在这种无药可救的悲伤中。

就像一株即使被割断也要肆意生长的野草，对青里洋子的爱与恨，在凡太的内心深处滋生。

失恋的人，即使听着欢快的音乐，心情也不会好转。不管他们听什么、看什么，都会觉得不快乐。

人们都说，心情不好的时候，不管做什么都感受不到快乐。失恋的时候真的是这样，不论做什么都开心不起来。

即便是听节奏感特别强的音乐，自己的身体和内心也会不为所动。

不论做什么都觉得无精打采。

这是因为没有人能够和他一起分享这些喜悦，没有人能和他一起体味这些开心的事情。这往往就是失恋导致的悲伤所在。

即使是听着欢快的音乐,也是郁郁寡欢,那些悦耳的声音听起来也觉得空洞乏味。这就是失恋,一种一直沉浸于郁郁寡欢之中的状态。

虽然听着舒缓的音乐,但是受伤的心却没有治愈。

只是一门心思想见那个已经离开了自己的人。

提不起做任何事情的兴趣来,不论做什么都开心不起来。

人不是一直都面对开心的事情,而是有一颗感受快乐的心。失恋不就是失去了那颗感受快乐的心吗?

当你被志趣相投的人邀请时,应该会觉得很开心。但是,失恋的人就是被邀请也不会感到开心。

对于失恋的人来说,正因为有了原来的爱人,他们才喜欢和其他志趣相投的人一起吃饭。

失恋了的话,不论做什么都开心不起来。不论做什么,都觉得没有意义,他们没有做任何事的心思。

失恋的人满脑子只有一个想法,"就想见那个人"。

这时候,便会出现两种人,一种是心理有支撑的人,还有一种是心理没有支撑的人。

心理是否有支撑,就是一个人到了绝境时,他是否有一个可以信赖的人。

在孩提时期,如果得到了母亲的爱护,那这个人就有一个真心爱着自己的人。

能坚信这一点的人，他就有心理支撑。

当然给予自己支撑的这个人不是母亲也可以。

只要你相信"那个人是真心爱着自己的"。只要有这样的人存在，遇到挫折的时候，你就会有熬过悲伤和痛苦的心理支撑。

但是，如果一个人在悲伤痛苦的时候，没有什么支撑自己的信念，那他的思想就会崩溃。

不论做什么，他都会觉得一切毫无意义。

即使有好的事情发生，比如升职加薪或有好的工作机会，他都提不起精神。

总之，不论做什么他都会觉得很无聊，毫无意义。

这样的人，会觉得活着也就是那么一回事罢了，他自己的干劲也会随之消耗殆尽。

在他们的世界里，从前那些熠熠生辉的回忆都退去了色彩。

再想起那些以前觉得很怀念的往事，也觉得无可留恋，面对这些回忆，也会不为所动。

连想再见一次的人都没有了，就算自己以为"想见"的人，也不会再想见。

一般情况下，人们如果遇上高兴的事情，就会觉得精神焕发。比如说,吃到了好吃的东西,找到了自己想找的东西,或者找到了一份好的工作,这时候,人们通常会神采奕奕。

  但是,失恋的时候,即使发生好的事情,整个人也会感觉萎靡不振。比如说,在公司里被调到了自己喜欢的部门,但也不觉得开心。

  本应该高兴的事情却高兴不起来。与其这么说,不如说在失恋的人这里,就是没有好的事情发生。

"因为失恋伤心的人"和"因为失恋觉得不甘心的人"

在年轻的时候,人们经常会争论人生是否有意义。其实,不是人生是否有意义。

而是活着的人,有没有一颗感受人生意义的心。

就算你现在被失恋压得喘不过气来,但在谈恋爱的时候也是开心得不得了。那时候你根本不会去思考"人生有什么意义"。

恋爱进行得顺利的时候,谁都觉得生活可期,但是,一失恋就会变得很失落,觉得人生都黯然失色了。

尽管失恋很痛苦,但是走出失恋的阴影时,人就成长了。

当你只能哭泣的时候,那就尽情地哭吧。因为失恋的痛苦,实在是让人痛不欲生。

但是总有一天这份痛苦会让你有所成长,哭得有多伤心,就会让你变得多坚强。

都说不懂泪水的人，没有资格说爱。

我们不知道明天会过上什么样的生活。但是，失恋后一定还会有美好到来的那天。失恋的人，一定会有再谈恋爱的那一天。

也许明天我就能喝上一杯茶，知道它的味道有多好。

正因为失恋，我们开阔了眼界，也会遇见一个新的爱人。

到那时，你就会知道失恋并不意味着没有收获爱情。那份失恋只是收获爱情的一个过程。

人们恋爱，然后失恋，在恋爱和失恋中尝尽悲伤痛苦。

但是有一些人弄错了恋爱和失恋的痛苦。

被恋人抛弃的时候，真正让自己痛苦的不是失恋本身，有时你真正痛苦的原因，比如说可能是你严重的自卑感。

《啊，青春》中凡太被甩的时候，他发誓一定要报复。为了不让自己忘记自己的誓言，凡太把青里洋子的分手信放进了自己的身份证中。报仇、报仇、报仇……仇恨在凡太的血液里沸腾。

凡太被青里洋子甩的时候，想的就是青里洋子肯定会对他说："你就值十日元。"她肯定还会这样说自己的新男友："那个人可是一个值一百日元的萝卜。"

凡太不过是被一个一文不值的女人说"你只值十日元"，

即便如此，他还是觉得不甘心。

而他今后的人生也被不甘心的情绪驱使。很多人都类似这样，自己的人生变得毫无意义。

原本，凡太的内心对生命和世界就有一种隐隐约约的敌意。在这段感情里，他一定是对青里洋子这个人有敌意。所以分手的时候，"不甘心"多于"伤心"。

带有这种模糊的敌意的人一旦陷入恋爱，最初的热情降温，不论恋人是谁，最后双方都会陷入一段彼此伤害的关系中。

凡太的感受和想法都是遵循着同样的规律。如果凡太真正爱着青里洋子，他就不会在分开后说自己"不甘心"，而是会说自己很"伤心"。

用凡太的话来说就是"她小看了我，我不甘心"。他不会原谅小看自己的青里洋子。

如果真的爱一个人的话，当对方说"我不喜欢你了"，你就会觉得很难过。由此可见，凡太并不爱青里洋子。

青里洋子抛弃了凡太，转身投入了另外一个人的怀抱，这是凡太觉得不甘心的原因。他以为对方爱自己是因为自己很聪明，帅气，受女孩子欢迎。

然而，一个更聪明的人出现了，青里洋子立马就投入到了那个人的怀抱，所以他不甘心。

换到女人的角度来说也是如此。如果你是一个自认为"我是个不错的女人"的人,那么,在失恋的时候你也会容易变得"不甘心"。

对于"不甘心"的人来说,他们认为更重要的是对方怎么看待自己。

女人自以为自己比对方要好,然而结果却相反,男人认为对方比自己要好,所以,女人觉得不甘心。

男人去找了别的女人,就说明男人认为别的女人比她要好。

被甩后觉得"不甘心"的人,就是有着这样扭曲的价值观的人,他们的眼界太窄。

这样生活的人,到头来也不知道"自己在做什么"。他们不懂自己为什么而活。

自卑感与狭隘的眼界是恋爱路上的绊脚石

收获不到爱情的原因,就在于自身的自卑感,还有眼界太小。眼界太小意味着,这样的人下意识里存在各种各样的负面情绪,但是他们本人并没有意识到。

《啊,青春》的主人公凡太,就是觉得自己不够聪明,从而产生严重的自卑感。这种严重的自卑感导致他不能积极地面对青里洋子。

凡太认为,自己身处优渥的环境,但是成绩还是不好,这是自己的错。

大家也肯定觉得这样的人不值得可怜,所以凡太不禁觉得没有人会尊重他。

我以为,即便所处环境不好,一丝不苟认真生活的人也会得到别人的尊重。

凡太的处境优渥。然而,当时对于凡太来说,他满脑子竟然会觉得没有比自己更惨的人了。在这个世上，任谁都会认为自己体味到的人间疾苦更多。

简言之，哪怕凡太觉得现实是痛苦的，但是如果能够有人稍微怜悯一下自己，他都会觉得人生的痛苦好捱一点。

凡太的思维角度还是片面。所有身处优渥的环境但成绩不好的人都是一样的吗？绝不是这样的。

就算是环境优渥、成绩不好的人，也会因为"那个家伙人品很好"，而得到大家的喜欢。

但是，也有些人会讨厌条件好、成绩差的人。这样的人就是心胸狭窄的人。

不知足的人是让人讨厌的。

如果身处优渥的环境，但是却是一个书呆子，只知道方便自己，这样的人也得不到大家的喜欢。

环境优渥，但成绩不好，并不是问题，问题在于这个人的人品怎么样。

然而凡太只站在一个角度看人，只看这个人是"聪明还是蠢笨"。凡太的思想，才是问题所在。

凡太不幸的原因，就是只站在自己的思维角度看问题。

也就是说，凡太自己扼住了自己的咽喉。但凡太自己并没有注意到这一点。

当一个人陷入痛苦的时候，就是他看待问题的价值观出现了问题。

事业成功的人中，有令人讨厌的，也有深受别人喜欢的。只用事业成功来评价一个人，这样的人无法分辨令人讨厌的人和令人喜欢的人哪里不一样。

视野狭窄的人，心理有各种各样的问题。他们的心里充满了憎恨、不信任等一系列负面情绪。

下意识中留下的憎恨让他们打不开自己的视野，也不能灵活地看待事物。

凡太只看到了外在。其原因正如我之前写的那样，他心里被憎恨填满。隐藏在自己身上的情感，也决定了你对别人的看法。

这样的人，用自己的有色眼镜看人，不过是自己在折磨自己。

凡太把追自己的女生都看得不如青里洋子，这样的价值观念才是问题所在。

如果对方是一个很有器量的人，人们很容易就会对他敞开心扉。之所以不能向对方倾诉，就是因为他们的心胸没有那么宽广。

心理上有多大的器量的人，就相应会给对方同样大的心理空间，这有助于双方敞开心扉。

当你能够坦诚地表达自己，对方也就有能力做到这一点。

这样的人在心理上已经成长到可以让对方放松的程度,是一个情感上已经成熟的人。

这样的人,会给对方带来安全感。所以,当你可以坦诚地表达自己的时候,也要相信对方。

被"虚假的爱"束缚的人

　　有严重自卑感的人,对自己的认知处在极不稳定的状态,总是要靠别人对自己的态度来定义自己。有时候觉得自己很伟大,有时候觉得自己枉为人一场。这样的人没有自我。

　　这种颠覆性的自我认知,是缺乏自信的表现。

　　有严重自卑感的人,会卑微到自己都想不到的地步。

　　因为自己如此自卑,所以才觉得对方看起来比自己好不知多少,和恋人的交往看似就更加困难。但是这个关卡的难度是自己任意给自己设定的。这不过是有严重自卑感的人,自己扼住了自己的咽喉,对自己做的一件傻事。

　　每个人在年轻的时候,都会暂时缺乏安全感,都想要回到过去。但是,如果一直这样的话,人生就会失败,人不可以一直是这样的思维观念,也不可以一直是这样的性格。

如果你不积极地跨过这个心结，下一次的困难就还是无法战胜。

如果一直是这样的心情，不论谈多少次恋爱都不会收获爱情，都会以失败告终。

一个孩子在成长过程中得不到父母的爱，他就会被自我的无价值感折磨。对于这样的人来说，没有什么比"我爱你"这句话，更令其开心的了。

因为这些话，让他感受到了自己的价值，让他从感觉自己不配的痛苦中解脱出来。

更不要说是用极致的文字写的情书，这更会让他们发觉自己的价值感。这也是为什么不被父母爱的孩子长大后，容易陷入虚假的爱。

觉得自己是有价值的，这大抵是人类的基本欲望。也正是因为这样，感到自己没有价值的时候，就会觉得异常痛苦。虚伪的爱的言辞，似乎能满足自己这种基本需求。

在父母的爱下长大的孩子，自己本身就感到自己是有价值的。所以，他们被喜欢、被爱、受欢迎，都不会过度地兴奋。因此，他们不会坠入虚伪的爱里。也就是说，他们不可能坠入到很痛苦的虚假的爱情中。

童年时期，父母的爱解决了孩子一生中的大部分痛苦。一对心理健康的父母所生的孩子与一对神经质的父母所生的孩子，他们的人生截然不同。

简单来说，都是人生，但是两个孩子一生的经历却因人而异。

下文是《啊，青春》的一部分：

凡太虽然没有考上大学，但是也参加了班级聚会。聚会结束后，大家去了一家咖啡店。青里洋子和凡太并排坐着。

凡太在高中的时候，被青里洋子甩了。

青里洋子打开包，说了一句"竟然有块巧克力"。

她把巧克力递给了凡太。

然后，她看着映在玻璃窗里的自己，整理着头发。凡太很高兴，他以为这些都是洋子为自己做的。

第二天，凡太就恢复了斗志。他重燃斗志，克服一切困难。

但是，实际上他只是要复读，准备大学入学考试，这也不是什么宏伟的目标。

凡太想如果是为了人类，为了世界和平，为了真理，或是为了救济贫苦大众，为了正义，要是为了这些的话，哪怕自己的每一滴血被榨干，哪怕自己受尽余生的苦难，他也都无所谓。

凡太认为，上大学只是为了自己。尽管他一再在心底说服自己，上大学是为了将来，为了世界和平，绝不是为了实现小我，但是，他内心的这种声音还是不坚定。

凡太想像幕府末期的有志青年一样热忱地生活。在凡太看来，只要是以国家民族的大义之名，任何苦难就都不再是苦难。

"有自我"的人生和"没有自我"的人生

凡太是在给自己制造烦恼。总之，他讨厌考试。如果像凡太这样的人真的开始为了人类、为了世界的和平而工作，他们一定会抱怨"为什么偏偏是我来遭受这样的痛苦"。

越是嘴上说"为了人类、为了世界的和平"的人，越是以自我为中心，他们就越会抱怨"为什么偏偏是我为了人类来遭受这样的痛苦"。

总而言之，凡太自己偷换了痛苦的概念。他不是因为失恋受苦，这么说不过是他逃避现实的借口。

凡太没有自我，只是奔跑在已经铺好的人生轨道上，因此他觉得空虚无聊。

对于凡太来说，他缺乏由内向外的目的。然而，进行明治维新的年轻人，他们对明治维新有赌上性命的"人生信条",这就是凡太与他们之间不同的地方。

如果能像圣女贞德(Jeanne d'Arc)①那样生活,像基督教徒那样生活,那么被烧死在火刑柱上似乎也不算什么。

我以为像基督教徒那样生活,最后被烧死在火刑柱上,也比现在这样轻松得多。

像甘地②、苏格拉底③那样地活着,不论受到什么样的折磨,都会比现在这样懒散好得多。

如果能像宫本武藏④那样活着,那么对他来说,和青里洋子分手就算不上什么。

折磨凡太的是他觉得自己现在所做的事情,不符合一个年轻人的身份。他是为了自己,而不是为了天下大义而读书。

凡太想获得大家的关注,想让大家都称赞他很了不起。他想出人头地,哪怕是被烧死在火刑柱上也在所不惜。

"如果我能像宫本武藏那样活着,和青里洋子分开也是

---

① 圣女贞德(1412—1431),亦称"奥尔良的少女",法国民族英雄,天主教圣人。
② 莫罕达斯·卡拉姆昌德·甘地(1869—1948),尊称"圣雄甘地",印度民族解放运动的领导人、印度国民大会党领袖。
③ 苏格拉底(公元前469年,一说前470—前399),希腊(雅典)哲学的创始人之一。
④ 宫本武藏(1584—1645),日本战国时代末期至江户时代初期的武士。

没什么大不了的事情",这点就说明凡太并没有那么喜欢青里洋子。

简而言之,凡太没有像明治维新的年轻人那样有自己明确的目的。

凡太说:"我要是能像贞德那样生活就好了。"这并不代表他想要那样生活,他只是想受到人们的赞美。

而且,凡太把自己的心意从一个女人身上转移到另一个女人的身上。他徘徊于花间,然而他自己也不知道自己想要的是什么。

凡太想找的人就是一个"成为母亲的人",就像那部动漫《三千里寻母记》[①]。

他见一个爱一个,浪荡成性。

凡太把青春时期各种各样的内心纠葛,误认为是失恋本身的原因。

凡太要找的人是可以温柔地守护自己的人。但是,凡太自己不知道自己在找的究竟是什么。

如果凡太能够明白自己要找什么样的人,并努力去寻找这样的人,那当他找到这样的人时,他的自卑感就会缓解,

---

① 《三千里寻母记》是1976年出品的52集日本动画片,改编自意大利文学巨匠亚米契斯(1846—1908)传世经典《爱的教育》,这是一段小男孩寻母的旅程,也是一段自我成长的磨炼。

也会激发出他对生活的热情。

如果人们自己都不知道自己真正想要的是什么，那么自然就会被自卑感牵制，误入歧途。

凡太想找的恋人，就是像妈妈一样的恋人，恋人会像妈妈一样温柔对待自己，关注自己，感动自己。而凡太可以像同妈妈倾诉心事一样，和恋人畅所欲言。凡太希望恋人能有妈妈般的微笑，能像妈妈那样努力了解自己。

但是，凡太自己都不知道自己是这般要求自己恋人的。或者说，他也不想知道。凡太最大的问题，就是不能够坦诚地面对自己。

因为无法坦诚地面对自己，所以他不知道自己真正想要的是什么。因为不够坦诚，即便遇见一个可以带给他母亲的感觉的恋人，他也只会逞强，并不会流露真实的自己。

要想感受到母性，必须要具备两个条件：一是遇见一个能让你感受到母性的人，二是你足够坦率。

收获不到爱情的男人，不知道母性究竟为何，但是会莫名其妙地被母性吸引。很多情况都是如此，男人不知道自己为什么会被这个女人吸引，但当他被女人吸引的时候，他往往会在她的身上感受到母亲的气息。

男人对母亲的这种欲求得不到满足的时候，就总是会依附于母亲。

他们会一次又一次地回到原点。小时候没有在母亲那里获得母爱满足感的男人不仅会在恋爱中寻找母性的陪伴，在任何一段关系中都会寻求。

他们希望公司像母亲一样宽松，上司也有母亲光辉，同事像母亲一样照顾自己，一样都少不得。

而遗憾的是，男人们并不清楚是什么让他们心动。所以他们很沮丧，但也不知道该怎么做。他们不知道如何解决自己的问题。

一个男人只有得到来自妈妈和女人的满足感之后，才能成为一个独当一面的男人。

所谓独当一面的男人并不是超人。每一个人都有弱点，谁都不是一个理想的人。所谓一个强者，就是能承认自己的缺点和不足。所说的强，就是坦率。

无懈可击的男人，就是坦率的男人。

年轻人都会犯这样的错误，以为做超人就是强人，所以，就会装出一副狂妄的样子。假装勇敢，就是软弱的证明。因为他们是弱者，所以才会装出一副自己很强的样子。

凡太试图尽力在女人面前表现自己很强，结果导致自己连自己想要的是什么都不知道。

如果凡太够坦率的话，或许身边的女人会给他散发一点母性光辉。

得不到母亲那样的感觉，持续这样的人生，对男人来说太过于痛苦。所以，很多男人会在人生发展过程中遭受失败。

没有在母爱的呵护下长大的人，就像是没有生活的基础一样。

这样的人，只能活得像凡太这样，每一件小事都要拼尽全力。在普通人看来是一件不起眼的小事，对这样的人来说也会是一个非常严重、需要拼命努力解决的问题。

比如说神经症者讨厌规则。

学校规定，每天早上八点去学校。今天虽然是周末，但是学校也规定八点去上学。一般的人就会觉得没什么大不了，默默遵循就是了。内心也不会有什么想法，只是按照学校的规定去上学。他们也不会有认为遵守这些规则就是束缚了自己的想法，只是单纯地遵循规则。他们会觉得这是一件没什么大不了的事情，这就和为了坐上八点的电车你要走去车站一样。普通的人遵循这些约定，他们不觉得像自己被束缚那样夸张。他们根本都意识不到是不是束缚自己这回事。

但是，神经症者就不会这么认为。遵循这些规则，会激起他们内心的纠葛。他们会纠结："为什么要这样安排，意义何在？"他们也会觉得"我不想这样被束缚"。

也就是说，一般人觉得不算什么的事情，他们会觉得是一件大事。

虽然这个例子，和凡太这件事情不是一回事，但是，凡太只能用这样的方式生活，对所有事情都拼尽全力。也就是说，他缺乏生存的基本能力。所以无论如何他只能拼尽全力去努力。

有生存根基的人，就好比生存在有空气的地方一样，呼吸这件事情不需要努力。但是，如果是学习的话，就要努力。如果要在运动会上获得奖牌，也必须要很努力。

但是没有了生存根基的人，他们首先要从制造空气开始。

有自我的努力和没有自我的努力完全不同。一个没有自我的人必须要做一个有自我的人不需要做出的努力。我不知道这个例子是否恰当，但是如果考虑到以下几点就很容易理解了。

有自我的人，是凭借自律神经和他律神经而行动的。

但是，没有自我的人是没有自律神经的。

有自我的人，不需要努力，胃就会蠕动。即便不拼命努力，胃也会蠕动。

但是没有自我的人，就连胃蠕动都要努力。对于有自我的人来说就算完全没有在意，这些事情也会顺利发展。但是对于没有自我的人来说,就需要一点点地努力。

这也是为什么像凡太一样的人,无论如何也要努力再努力。没有自我的人,身边的事情都不会顺其自然地发展,所有的一切必须要靠努力改变。

如果这份努力没有使得事情改变,这样的人就会变得心灰意冷,自暴自弃,丧失责任感,余生就只剩下贪图享乐。于是,他们就把自己封闭起来,认为只要自己好就足够了,也不会再努力了。

在有自我的人的世界里,即便什么都不做,水也会自上而下地流下来。但是,在没有自我的人的世界里,就连水从高处流下来这样的普通的事情,都必须要通过自己的努力才能实现。

这个世上,有很多像凡太这样的人,每一件事情都需要拼命努力才能实现。他们的额头上暴着青筋,日复一日地努力着。对于他们来说,只能通过"努力"这样的生存方式活着。当事与愿违的时候,他们就会说"努力是没用的",或者"这与我无关",来逃避现实。

然而,有的人却活得很开心。即便他们看起来什么事情都不努力,但一生好像也没有什么坎坷,这样的人就是有根基的人。

即便事与愿违,他们也不会说"我不喜欢生活""我不想变得那么伟大，只要自己过得好就可以了"这样的话。他们活得更洒脱。

即使不努力，胃也会蠕动；即便不努力，也会呼吸。他们只是顺其自然地活着，这并不需要多么痛苦的努力。

即便至今尚未得出定论，但是有自我的人和没有自我的人是截然不同的。

对于有自我的人来说，他们是很难想象没有自我的人的人生过得多么艰难。

凡太需要的努力，就是努力做自己。他需要一种眼界，认清自己应该遇见什么样的人，才能成为真正的自己。

心灰意冷的人，总是会错交一些朋友。

聚集在他们身边的都是一些没有自我的人，成立的修行团体也都是宗教性质的组织，然后他们之间营造出一种神圣的仆人的氛围。

或者是成立一个聚在一起的团体，互相舔舐着对方的伤口。他们互相慰藉，"真是太傻了"，并尽量在心理上让自己轻松一点。或者组织一个只会说人坏话的团体。

和这些人来往，就像在和绑匪打交道，当时说着会让你暂时觉得安心的话，但你的前方就是地狱。搭话的那一刻是松了一口气，但等待着你的可是地狱。

那时候，大家都会小看了老师，"我先走一步"说得轻松，但前方是无尽的黑暗。

在这两种情况下，这样的往来都是为了保护没有自我的自己。

如果因为各种原因而烦恼、痛苦，或者是看不到隧道尽头的曙光，那么很有可能你已经被绑匪抓住了。

如果一个人认为人生不会因为努力而变得轻松，那就是他搞错了努力的方向。

如果凡太再这样下去，只说"我会尽力而为，尽力而为"，那就会让他痛苦得不知在哪里发疯。

凡太需要做的是思考，思考"自己需要什么样的人，自己是谁，以及自己想要的是什么"。

努力固然重要，但更重要的是反思，思考能得到什么才会让自己不需要那么辛苦地活下来。

努力忍受艰苦的事情很重要，但更关键的是也要努力让自己过得不那么辛苦。

像凡太这样的类型，比大多数人都要努力，但却没有努力让自己过得不那么辛苦。殊不知这两者缺一不可。

练好在受伤的时候不大惊小怪很重要，但也要努力让自己不受到伤害。

有的人因为这句话而受伤，有的人因为这句话而不受伤。

今天的日本分化成两极：一是太过努力的人，二是丝毫不努力的人，明明没有那么豁达通透，却扮着一副开明豁达的状态。

第六章

委全爱
要求恋
不曲
的

爱上一个能坦然说"这就是我"的人

有些人说:"你不会真的爱我吧?"他们用这种方式自嘲,就是在试图寻求对方的爱。

一个自嘲的人,通过自嘲来提高自己的价值。提高自我价值的一个简单方法就是自嘲。但这样做是不会成功的。

这让对方很难受。

自卑的人,不相信赞美。即便想相信别人的赞美,他们也做不到。于是,他们努力确认这句赞美的话,或者坚持让对方再说一遍。

如果真的相信了,就不会试图让对方再说一次,就会直接表现得很开心。

自己虽然很高兴,但不敢相信,所以听了这些赞美之后,就会说一些很尖酸刻薄的话,比如说:"骗人的吧?"结果只会遭到对方的厌恶。即使是自嘲的女人,在男人赞美她的时候,也会冷嘲热讽地说:"你总是这样对女人说,是不是?"

被夸奖的人,内心是欢喜的,比不自嘲的人要欢喜得多。然而,因为他们无法相信这句赞美的话,所以更倾向于用讽刺的方式来表达。

尽管他表现得很嘲讽,但这句赞美的话,他比谁都要记得久。

若想收获爱情,最好的办法就是"坦率"。如果你"乐于被人夸奖",那就坦诚地表达被夸奖后自己的喜悦,这就会收获爱情。

坦诚地表达了自己的感情,人们会说"那个人是一个讨人喜欢的人"。

用一种厌恶的口吻说着"你也拿这话哄别的女人吧",之所以这样,是因为她不想让对方觉得自己是一个"没见过世面的小女人",听到几句甜言蜜语就会开心,也不想让对方认为自己是一个很骄傲自负的女人。

换句话说,她们不想被人厌恶。但恰恰是这种不想让别人厌恶的心思,反而惹来了别人的厌恶。

如果你可以坦承自己内心的想法,说不定你们的感情会比原来深厚。

所谓和对方坦诚相待,就是你觉得对方做出自己不喜欢的事情时，你可以直截了当地说出来："我不喜欢你这么做，忍不了哦。"

但是，说着容易做着难。

这就是为什么当对方做出违反我们期待的事情时，我们会生气。

但是，我们却不能直接表现出自己的愤怒。

如果你一直用"这么大点儿的事儿，忍忍吧"这样的态度来压抑自己的愤怒，总有一天你会忍无可忍。

《啊，青春》里有一个场景，主人公凡太因为失恋和落榜，自杀未遂。

凡太的全身在颤抖，眼泪止不住地流下来。他的手也在发抖，都抬不到桌子上。他的嘴角抽动，已经口齿不清了。凡太呜咽，眼泪流过嘴角，泪水打湿了整个脸庞。

凡太强忍着不让自己放声哭出来，但是，没忍住，"哇"的一声哭出来，就开始号啕大哭。

我要活下去，要活下去，就算被全世界的女人都甩了，我也要活着。就算全世界的男人都背叛我，我也要活着。

主人公凡太被他蛮横的价值观所吞噬。一个自卑的人谈恋爱的话，就会虚张声势。自己也会因为无法坦诚，最后身心俱疲。

凡太还不知道，如果人的一生用这样的态度去生活，不管是赢了还是输了,都不会得到幸福。

不论是金榜题名,还是名落孙山,自己竭尽了所有的努力,如果能这么想,只要有一个人陪伴自己就足够。不需要在意别人的目光,只要努力过好自己的人生就好。即使自己被某些女人看轻,即便遭到朋友的背叛,也能走在最适合自己的那条路上。现实中的自己,不论是成功,还是失败,都无关紧要,只要竭尽自己所有的努力就好。不要活在别人的眼里,走自己的路让别人说去吧。

以上是《啊,青春》中的一段话。

释放出真实的自己,和喜欢自己的人谈恋爱。这时你开始发现,爱情让你变得踏实。只有在这样的恋爱中,心理才有可能成长。

这才是收获爱情,才是爱情的意义所在。

青春,就是要历练自己。

青春,就要散发自己的能量。

即便这样失败了,以后也会遇到一个能坦然地说出"我搞砸了"的女孩。接下来这段恋爱,你不需要想方设法补救自己的失败,也不需要认为自己是一个失败者,"成功什么的都没有意义"。

这会是一份你能说出"这就是我"的恋爱,它不会和凡太的恋爱一样纠结着你的内心。

成为一个可以坦承缺点的人

凡太有家庭丑闻。但是,他对恋人说不出口。

凡太想要一个温柔的、能够安慰自己的恋人。

但是,他对青里洋子怎么都说不出口。因为一旦说了,他觉得青里洋子就会离开自己。

如果女人会因为这样的事情离开自己,这样的女人还是分手的好。但是凡太还没有强大到可以将这些事情和盘托出的程度。

一个男人,几次被人带下了背叛的谷底,又从谷底爬上来,这样一个千锤百炼的男人,才会很冷静地把经历过的事情告诉自己的恋人。但是,凡太还没有被打磨成这样一个男人。

以上是《啊,青春》中的一段话。

"会告诉自己恋人的事"指的是,凡太的家人发生的那些丑闻。

总之，凡太无法向恋人说出自己的弱点。

像凡太这样的年轻人，他们害怕被人背叛，害怕跌落谷底，因此，任何事情都会半途而废。你可以说出你的缺点，即便说出这些弱点，你还是可以告诉你的爱人"我爱你"。或许有的时候，你的爱人会对你说"我喜欢他多过你"或者说"你是个白痴"，就和你分手。但这也让我们更清楚自己的处境，也看清了这个女人的真面目。这样看来，也没有吃亏。

年轻人都讨厌失败，但是失败是成长中宝贵的经验。失恋就是需要吸取的经验。

像凡太这样的年轻人，往往就狭隘地认为"别别扭扭、历尽千辛万苦的才是真爱"。

他们对爱情的狭义定义是："如果你不说你的缺点，那就不是爱情"，或者 "如果你说不出口你的弱点，就也不是爱情"。或许这只算得上是青春。

长大成人后，我们不再认为爱情是对方听不听自己说出弱点。

最重要的是我们什么时候说出自己的弱点。

人们在同别人交往时，每个人都有属于自己的禁地。

当然，年轻人自己也知道。我们甚至会奉劝自己的朋友"不要对喜欢的人虚张声势"。但是一到我们自己这里，就行不通了。

凡太因为家人的丑闻，不想再与青里洋子联系，于是他去找他的朋友商量。

"别因为家里人的事情就泄气了呀"。

"我正在考虑要不要与青里洋子分手"。

"这多矛盾呀？你现在这么坦诚，不就是想得到青里洋子的爱嘛"。

"但是，我觉得这是在打扰她。她不该和我这样的人交往的"。

"白痴，恋爱本不就是一件麻烦的事情吗？人们就是喜欢麻烦才恋爱的嘛"。

"虽然你这么说，可我……"

"为了恋人，你要这么想，爱情就是让一些烦恼消失不见。我呢，一直是个理想主义的人，可是像青里洋子这样的女人，应该不属于理想主义的女人吧"。

"我也是这么想的，但是心里总觉得有点不对劲"。

"你这不就是你所说的无聊的态度？对自己的爱人也要装腔作势，这也太可笑了吧？"

"我自己也知道"。

"对谁虚张声势都没有关系，但是，不要再对青里洋子虚张声势了哟"。

"但是，我们还没有表白我们互相喜欢"。

"可是，你们就是互相喜欢对方，这已经是事实了。就像我前几天在沙滩上说的那样，青里洋子在等着你告诉她你喜欢她。"

"……"

凡太很高兴。

"我想，如果像勇次说的那样，我把一切都告诉青里洋子，她一定会很开心。她也一定会很欣慰我告诉她这么多。""青里洋子不是那种会因此就逃避的女人。如果她是那样的女孩，也就罢了。不过，我觉得青里洋子不是那种女人。"

凡太听着勇次的话，不禁开始想到自己将这一切都告诉青里洋子。勇次接着说道：

"你现在需要的人可不是我，是青里洋子。"

"不，没有你，我什么都做不了。"

午夜，两个人都没有说话。和勇次这份难能可贵的友情，让凡太流下了感动的泪水。为了不让勇次看到自己哭了，凡太转过身去，擦去了眼角的泪水。

凡太想，只要有勇次在，不论到哪里自己都能够坚强地活下去。自己一定不会忘了和勇次的这份感情。凡太在黑夜中，死死地盯着天花板，在心里默默地许下了这样的誓言。

只要坦诚，就可以收获爱情。

但是，一旦有了自卑感，人就无法做到坦诚。

一旦有了自卑感，就会错失良机。

凡事都有一个关键时点，要抓住它的"时机"。恋爱也是如此。

青里洋子的母亲告诉凡太，她的女儿想要的是一个有主见的人。

但是，凡太仍然是一个考生，还没有成为一个能够独当一面的人。

"如果凡太现在是一个可以独当一面的男人，他就可以自信满满地对自己女朋友说，以后遇见什么事情，你都来找我商量吧。但是，可悲的是，凡太觉得现在的自己，并不是这样的一个人。"

"有凡太这样的想法的年轻人，就是在逃避机会。一旦养成了这样的思维模式，机会就总是从身边溜走。"

做你自己没关系，因为那个时候有人要求你这样做。当你成为公司的员工，你可能就不再是那个人了。

有凡太这种心态的年轻人，不擅长把握机会。比如说当有机会的时候，他想"如果我现在有一百万日元就好了"。但是，当筹到一百万的时候，这个时机已经错过了。

人生就是这样，当你万事俱备的时候，却没有那阵东风袭来。

如果你说"我现在正在复习备考中,不能谈恋爱""我现在的工资太低,还不能结婚",如果你一直这样想,那么不论什么时候,你都结不成婚。就以现在的工资水平,过现在能过上的婚姻生活就好了。

如果你说"房贷没还完的那天,就不能要孩子",那不论什么时候,你都要不成孩子。其实,没有必要住那么大的房子。

说着"等到我变得像公司的总裁那么了不起的一天,我就可以潇洒了",那还没到潇洒的那一天,你就已经撒手人寰了。

这就像战争失败的日本人一样,嘴里还喊着"取得想要的胜利就不再打仗了"的口号,其实他们早已战败了。

一定要牢记"最好的时机,就是眼下"。如果你只是想着直到你能写出一本好书的那天,你再动笔去写,那么,你永远都出版不了一本好书。此时的你,只要拿出属于你自己的水平写完一本书就足够了。

如果只是想着"等到有钱了再带着家人去旅行",那你永远都不会带着家人一起去旅行。

等到你有了这笔钱时,孩子已经到了不想再跟父母一起去旅行的年纪了,他们会觉得和朋友们一起去更好玩。

哪怕此时是一次不太富裕的家庭之旅也好。只要不是为了自己的虚荣心，一次简单的旅行的钱还是有的。在日本，有太多人为自己的虚荣心买单。

女人也是总想着"自己要是再漂亮一点，就会和那个人表白"。但是，就算自己已经挺漂亮了，她也不会和喜欢的人表白。

有很多像凡太这样想的年轻人想着"要是自己是名牌大学毕业就好了"。

很多像凡太一样的年轻人，他们都有"如果这样的话……"这样的想法。

事实上，生活里永远都没有这么多的假如。像凡太这样的年轻人，他们最该要做的就是治愈自己的心。

就算爱情失败,还有下一次

对于凡太来说,在小说中他最后把对青里洋子的爱,转移到了黑泽由美子的身上。而与黑泽由美子分开,这段故事就结束了。

凡太就是一个没有女人就活不下去的男人。当黑泽由美子一出现在他面前,他就爱上了她。这样取巧,是凡太漫长一生中最要命的问题。

从心理成熟的第三者的角度看,这种取巧是肤浅的,也是不解决实际问题的。但这种方式是具有强烈的爱的饥渴感的人身上一种很明显的心理特征。

凡太没有确定的意中人概念。只要一个出现在他面前的女人,稍微对他说了一点温暖的话,他就会爱上这个女人。

爱上一个不知道爱是什么,只是一直要求被爱的人,对两个人来说都是不幸。

凡太自己都不知道自己想要的是一个什么样的女人，一味地处于被动的身份，不能本能地去爱一个人，其原因就在于他从没有被人爱过，只是自己一直渴望被爱。

他的爱情饥饿感过于强烈，他做不到主动去爱一个人。

越是没有得到父母的爱的男人，就越想夸耀自己很受女人的青睐，并且为了得到女人的青睐而去努力。

没有得到父母的爱的男人，更想夸耀自己受女人的欢迎。

人们就是这样浪费了上帝赐予他的生命。智者与愚者的区别就在对时间的利用上。

因为小时候没有被自己的父母需要过，所以现在只想要别人需要自己。

没有被父母爱过的男人，他们认为有意义的不是自己想要找一个女人，而是女人想找他。

对待恋人，他们逢场作戏。可最后等自己老了的时候，身边也没有一个真心实意的人。

在爱的滋养下长大的人，就不会犯这样的错误。因为他们可以看破那些逢场作戏的人内心的谎言。

当恋人残忍的时候，你也会很残忍。

如果能够意识到这一点，即便你现在的恋情不如意，下一场恋爱也会开花结果。

俗话说得好，失败是成功之母。

就算恋爱失败了，但你成长了，这段爱情也收获了果实。

"凡太还是拿不出勇气将自己的全部，对青里洋子和盘托出。不对，他对青里洋子最不想泄露自己的弱项"。

不加修饰地暴露自己的全部，是好人的加分项，会增加彼此的亲密度。这不论在任何状态下，对人际关系都是一件好事。当然，如果你对坏人做的是这样的事情，这通常是让人抓住小辫子的材料。

但是，遗憾的是，青春时期的我们，面对喜欢的人，总是格外掩饰真实的自己。即便这样的掩饰对两个人的关系非但不会加分，往往还有负面影响。但是纵使这样，年轻人还是会对恋人一如既往说着大话。那些天花乱坠的大话，都快要变成一种欺骗了。但是对于自己不在意的人，他们就会不加掩饰，连大话也懒得说。他们认为最关键的，是要对自己喜欢的人说这些大话。但是，他们说这样的大话时，完全没有想过，听他们讲这些大话的人，听过这些不着边际的话之后，会不会心情十分不爽。

有时候，两个人之间纯粹的爱情就被这样的夸夸其谈、自我掩饰毁于一旦，但是，两个人还是不断地掩饰自己。你并不是在历练自己成长，只是在努力掩饰自己。如果你的掩饰被对方拆穿，你就会勃然大怒。你就再也不会原谅这个人。不论经历了怎么样的艰辛、痛苦的感情，在他的面前，你都会一直掩饰。不，你会比以前更大程度地掩饰自己。

下文也是《啊，青春》的一节。

凡太用这样的方式，来解释人类的心理。但是，真的是这样的吗？哪些人是你必须要掩饰的对象？无论是掩饰者还是被掩饰者，都存在心理问题。

前面写道："纯粹的爱情就被这样的夸夸其谈、自我掩饰毁于一旦，但是，两个人还是不断地掩饰自己。"

不是这样的。这不是"纯粹的爱情"，这是两个人丧失自我的"爱"。

掩饰自己的人，其实并不爱对方。

他们爱着的其实只不过是对方拥有的某些外在的东西。比如说，对方是一个精英人士，或者她是一个大美女，或者他人缘很好。吸引他们的只不过是这些外在的东西而已。

换句话说，你爱的那个人，只是你为了满足自己的虚荣心假想出来的对象而已。

彼此用谎言维系着这段关系，当这些谎言支撑不住自己的时候，就滋生出了仇恨。

如果是两个自我实现的人，他们就不会有任何伪装而将恋爱进行到底。他们的恋爱可以坦诚面对彼此。这样的恋爱"不需要对他或她隐瞒任何东西"。

当我们想说大话的时候，这段感情就没有爱了，取而代之的是自己对对方的敌意,以及我们的自卑感。

穷小子爱上富家千金时,就会想说大话来撑自己的门面。

人们因为原本的自己,让自己不舒服的时候,就会说大话。

活在当下的现实中,就是爱。你爱上对方的时候,你会觉得你曾经穷困潦倒,还能和她相遇,这才是爱。

年轻人认为,自己不能有任何缺点才能得到伴侣的爱。他们认为,自己一定要比别人强,对方才会爱自己。然而,事实却恰恰相反。

恋爱中的男人,会认为任何女人不及自己的女友。

恋爱中的女人,也会认为任何男人都不及自己的男友。

因此,男人和女人才会有一种错觉,误认为为了与自己的恋人相配,自己必须要比其他的人优秀。

这样一来,两个人的心理就发展成"故弄玄虚"的心理。"爱情中的男人,会认为任何女人也不及自己的女友",这就是他的心理有问题。

这个时候,如果"对方不是比其他女人好的女人",他们就会讨厌对方。他们对有一个"比其他的女人好的人"是自己的恋人这件事情,感到满足。

我们都希望自己的伴侣成为一个让大家都说"哇,真厉害"的人。但是,最后我们也会因为自己不是"比别人优秀的男人"而被对方抛弃。

一旦两个人的关系变成这样,那对两个人都比较"煎熬"。

每一个不自信的年轻人都谈着这样一份让自己"煎熬"的恋爱。

正因为如此,他们的爱情往往无果。

其实,这样"煎熬"的恋爱,就是神经症恋爱。

这不是所谓的要比别人更优秀。在我看来,应该是谈恋爱的人自己把自己掩饰成一个比原来的自己更好的人。除此之外,他们没有别的办法。

这样的恋爱不会有结果。

这样的故事,就像我在第七章中写到的《安徒生童话》里一篇叫《雏菊》的小故事中出现的郁金香、牡丹和玫瑰的故事。

"伪装真实的自己"是离婚的催化剂

有一个人满怀信心地做了一道菜,想请大家品尝:"大家尝尝看,味道怎么样?"虽然邀请大家品尝,但是谁都没有动筷子。大家都有点放不开。看到大家一口也不吃,做菜的人很焦虑。

可大家都不想冒失,做先动筷的那个人。所以,大家谁都不先拿筷子吃。

大家首先是不想自己先品尝,做一只出头鸟。此外,大家可能怀疑这道菜是否像说的那么好吃。

做菜的人已经很不耐烦,说了"大家快吃,不吃就凉了"。于是,自己先吃了起来。

这时候,做菜的人或许会认为"这帮人真讨厌","就不能趁热吃吗",一副俨然已经生气的样子,于是双方之间就产生了嫌隙。

做菜的人认为"明明这么好吃,却不吃"。

吃菜的人会认为"这样就不会被人诟病,可以开吃了"。

于是,像这样的一段关系,会有什么结果呢?请客的人会觉得:"这样的人,真让人不痛快。"

于是,下次就不会再邀请这群人吃饭。那下次没有被邀请的人,得知是因为这样的原因没有被邀请,是什么样的心理呢?他们会觉得很不开心:"明明我这么顾及你的感受。"

这样的人都是一开始是"想被人喜欢",但是现在完全相反,遭人讨厌。顾虑这么多并不是为对方着想,而是他们先入为主把自己美化成一个"特别绅士"的人。

如果你直接回应对方的好意,对方会喜欢你。然而,就在你以为你会被对方讨厌的时候,恰恰就不会及时地回应对方的好意。

不仅仅是恋爱关系,通常人缘好的人都是可以坦率回应别人的。

从这个意义上说,当你下意识反应"他们会不会讨厌我"时,你往往就被人讨厌了。

在一段爱情中,当你意识到"对方是不是讨厌我"的时候,爱情通常就不会有结果。

简而言之,关键是"自己的心思有多沉重"。比如说,想被大家喜欢的爱情饥饿感、占有欲、害怕被人讨厌的恐惧感等。

换种说法，摆脱这样的心性不成熟，对收获爱情至关重要。

摆脱了心性不成熟的情绪，心就很轻。而摆脱不掉心性不成熟的情绪的人，心就很重。

和他们接触的人也会莫名觉得他们的身上有一种压抑感。

"几乎没有必要强调的就是，爱的能力是一种付出型行为，取决于人的性格发展的程度"。①

简而言之，情感上不成熟的人不具备爱的能力。

一家公司濒临破产，大家都会说是"开公司的人没有商业头脑"。抛开这个评价是否正确，这就是人们评价的一种标准。然而，说到爱情的失败，我们也不能就主观臆断为，恋爱失败的原因是谈恋爱的人缺乏爱的能力。

一个想法积极乐观的人，不论是恋爱还是工作都会积极面对。

患有共同依赖症的人，没有办法享受自己的生活。无论是工作、休息、恋爱、吃饭，还是与人交往，他们统统不能享受其中。

---

① 埃里希·弗洛姆，《爱这回事》，悬田克躬译，纪伊国屋书店，1959年。

为什么不能享受其中？

这是因为他们没有自我实现和自我完善。

对乐观的人来说，给予才是潜在能力的最高体现。

但是，要知道一个悲观的人是不会突然就变成一个乐观的人的，这个变化需要过程。

如果说，失恋是一个可以让一个人变得想法积极的过程，那么失恋就是这段感情收获的果实，这种说法是有一定道理的。

心性不成熟的人，担心别人讨厌自己。于是，他们对于发生的形形色色的事情，会选择一味地忍耐。

他们其实比大多数的人都要自私，只是在人际关系中表现得不那么自私。

这是因为，他们担心自己的自私行为惹来别人的讨厌。

这样的忍耐，不是出于为别人考虑，只是担心自己被人讨厌所以才克制自己的自私。因此，很多时候他们说的话，都是为了迎合别人而违背自己的真实意愿。

还有他们认为一旦让对方了解了真实的自己，对方就会变得讨厌自己。所以，他们不会在对方面前表现出真实的自己。从这个意义上说，他们并没有做到对另一半敞开心扉。

因为他们一直没有表现自己，所以自然而然，他们的心中会滋生不满。

也就是说，他们害怕不被人喜欢，所以克制自己的自私。为了获得别人的青睐，他们扮演的是一副与真实的自己并不相符的模样。

蔑视自己的人，急于得到别人的尊重。

为了得到别人的喜欢，违背心意，一味地隐忍，由此产生的不满，就会找人发泄。

就像英文单词"dump"（倾倒）。

快速离婚的人，就是因为这样的原因。

结婚之前，为了得到对方的喜欢，扮演一副和真实的自己完全不同的模样，忍受着对方的一言一行、一举一动。

但是，一旦结婚，角色马上就转变，就会暴露本来的面目。和结婚前相比，完全就是换了一副模样。他会和对方吐槽与别人发生的不愉快。

因为结婚，改变了自己的处境。原来需要忍耐压抑自己的情感，而现在会把有的不快一股脑儿地倾诉给对方，对方变成了他发泄情绪的垃圾桶。

无法成长的大人，和一个充满童心的小孩子没有什么两样。

在外一副好脸色，回到家中对着自己的恋人或妻子就胡乱发脾气。外表看起来一副直爽开朗的模样，但实则是一个性情古怪的暴躁狂。这样的人，看似收获了恋爱的果实，其实，并没有收获爱情。

他们不明白，是因为真实的自己才会被别人喜欢和尊重的道理。

这是因为，他们没有喜欢对方，尊重对方。他们只是身处在不安之中，所以才会尊重对方。

他们不明白，其实不用做什么特别了不起的事情，也可以得到别人的喜欢和尊重。这就是自卑者们的悲哀。

即使成功了，别人对他们也基本没有尊重。只不过是装着很尊重、很喜欢的样子。这不过是表面上装装样子，并不是发自内心的尊重。

一个自卑的人无法理解，对方想要的就是真真实实的自己。

对方明明想要的就是真实的你，可你却拼命隐藏真实的自己。"对方喜欢的是不掺任何表演的你"。但是，自卑的人不懂得这个道理，所以他们收获不到爱情。

看似结了婚，收获了爱情，但是，快速离婚就说明，两个人并没有收获到爱情。

即便没有办离婚手续，但是已经没有感情，这段婚姻已经是名存实亡了。这样的人，即便恋爱结婚，也没有收获到爱情。

只想"被爱"的人,看不到对方

没有收获爱情的人,基本上是羞于直接面对对方的,他们害怕对方看到真实的自己。

换句话说,他们害怕得到别人的负面评价,害怕别人拒绝自己。

这是因为他们被这些拒绝和负面评价伤害过。他们害怕别人讨厌自己,也害怕他人的拒绝。他们被别人的负面评价伤害过,所以,他们害怕自己再次受到伤害。

反过来说,容易受伤,从另一种角度可以理解为对别人抱有恐惧的心态。有人说,执着的人因为紧张焦虑而痛苦,这也意味着执着的人容易受到伤害。

采取防守的姿势是希望保护自己不受伤害。但是,恰恰相反,这样的防守会让你更容易受到伤害。

每一个采取防守姿态的人,都是以自我为中心。他们努力做到不让别人讨厌自己，他们自然就没有再考虑别人的心思了。

自卑的人，被想要获得别人的尊敬、喜爱的欲望驱使，他们的心里没有留下空间去为对方着想。他们想了解对方的感受，想知道他们的想法，但他们的心容不下他们去思考这些事情。

自卑的人只想一味地讨好对方，说奉承对方的话。

有很多时候，有人讨好对方说的话，反而伤害了对方。有时候，有人表示对对方尊重，也反过来伤害了对方。

自卑的人，说的恭维话都是套话。

自卑的人，称赞对方的家人，赞美对方取得的成绩。但是，对方可能因为自己家人而感到羞愧，或者厌恶自己的家人。

这些事情，只要你去了解真正的对方就会知道。但是，自卑的人，没有花费心思去了解对方。

所以不论对方是以自己的家人为耻，还是以自己的家庭为荣，自卑的人都会千篇一律地去夸赞对方的家庭。

自卑的人，他们没有把眼前的人当作一个独立的个体去看，他们模式化看待对方，认为对方是"这类的人"。

也就是说，按照常理，我们不应该说对方家人不好。自卑的人没有考虑实际情况，就赞美夸奖对方的家人。

俗话说，见人说人话，见鬼说鬼话。自卑的人，说话时根本不看实际情况，就轻率发表自己的主观想法。

如果我们对自己的恋人这样做了，会怎么样？恋爱没有结果，是很正常的事情。

他做了恋人不希望他做的事，没有做恋人希望他做的事。

以为自己做的事情都是对方会开心的事情。

以为自己说的都是对方会高兴的话题，但是你提出来的都是对方不喜欢的话题。

源于各种各样的恐惧，压抑也随之而来。压抑的感情被投射出来，心底的各种委屈就都投射到对方的身上。

对方明明没有感到不开心，你却觉得对方看起来很不开心。

你害怕对方不开心，所以你就会看对方的脸色。一味追求对方的好感的人，往往会误解对方的实际感受，造成不好的结果。

对方明明没有觉得不开心，你却觉得对方是不开心的。看别人脸色的人，对方心情没什么异常，却觉得对方心情是糟糕的。

特别是分别的时候，更会生出误会。分开的时候，比在一起的时候更焦虑。

这也是他们如此看重对方脸色的原因。越是没有安全感的人，越把对方的情绪理解为糟糕的情绪。

顾不上思考对方言行的真实意图

自卑导致自责。

自卑的人,一旦注意到对方生气,就会觉得是自己让对方不高兴了,他们把别人生气的原因和自己的弱点联系起来。自卑的人容易把对方生气的原因归结到自己的身上。

如果自我评价很高,就不会认为对方生气的原因和自己有关。就算对方生气,自己也会觉得他(她)生气和我有什么关系,没有理由怪到自己的头上。

自卑的人是不快乐的。

自卑的人,会把对方出于好意说的话,误解为不好的意思。

比如说,接下来我举到的这对情侣的例子,就有这样的问题。

女孩是一个有点迷信的人。可就在她约会的那天,有一个远房亲戚发生了不幸,女孩要赶去参加葬礼。

女孩参加完葬礼,再去和男孩约会,从时间上来说是完全没有问题的。

但是,她并不喜欢穿着一身参加葬礼的衣服去约会。

她很迷信,她怕穿着一身参加葬礼的衣服和他约会,会给他带来什么不吉利的兆头。

于是,她拒绝了这次约会。虽然拒绝了,但她的心里其实想的是如果你不介意的话,我们就约会。她把自己的想法告诉了他。

但是,他很自卑,他没有明白女孩的心思。他觉得女孩就是不喜欢自己,才拒绝了他。

她是想和他约会。她既纠结想和他约会,又纠结必须要为对方着想。纠结到最后,她虽然想见他,但是也只好取消约会。

然而,自卑的他却没有明白她的心思。他无法将她的话理解为是为自己着想。他认为她拒绝了他,自己受到了伤害。

这就成为两个人的关系变得尴尬的导火索。他把对方的每一句话都往消极的方面想,最终这段感情就可能破灭。

他以为她伤害了他,但是事实并非如此。

他只是认为对方说的话,对他的态度,都是没有把他放在眼里。如果他有一点自信就不会受伤了。

如果他是一个自信的人，那么同样的情况下，他肯定能够明白对方的良苦用心，说不定他还会很开心，因为这样的拒绝就是在证明对方有多爱自己。

同样被拒绝的经历，不自信的人因其受伤，自信的人非但不会受伤，还会被对方深深感动。

受到伤害的人即便日后谈了恋爱，也不会长久，他也收获不到爱情，因为他总是将对方的话往消极的方面想。

而他，已经四十多岁，却还是孤身一人。

但是，他并不是一个命中注定孤独的人，他是因为自我蔑视，才会孤独。如果他能正视自己，他的人生会发生很大的变化。

自我蔑视的人，基于强烈的自我保护欲，无法理解对方。就如前面提起的那样，充满自我保护意识的人难免会以自己为中心。

站在他的立场，他没有办法领悟到对方的真心实意。

日后，他和其他的女人谈恋爱。发展到了两个人一起相处的阶段，他邀请女朋友去旅行。女朋友一开始拒绝了，这种拒绝有点欲拒还迎的意思。但是，对于不自信的他而言，或许女朋友说"哇，太棒了"更好。

自卑的他因为女朋友的拒绝受到伤害，就不再想约女朋友出去旅行。

他不理解女朋友为什么不说"哇,太棒了"。

他的女朋友自我保护意识很强,她一开始拒绝是在"保护自己"。换句话说,她不想让别人觉得自己是一个很随便的女生,一有人约自己,立马就答应了,她只是稍微装装样子。

还有,她珍惜和他的这份感情。

她害怕发展得太快,这段恋爱会没有结果。她是因为害怕和他的恋爱会破碎,所以才拒绝。

其实,这不是她第一次谈恋爱。她之前也有过一段感情,当时,恋人提出的要求自己没有考虑就答应了。

但是,当时对方说了一句"你就是在和我玩玩吧,你这么好看,肯定有好多诱惑",这句话伤害了她。

当时她觉得自己被羞辱了,那天晚上她失眠了。那样的经历让她对下一次的恋情充满了戒心。

自卑的人容易受到伤害,只想着保护自己。

他们不能理解对方为什么会说出那样的话,做出那样的事情。与其说不懂,不如说他们没有放在心上。

他们没有心思顾及对方言行的动机是什么,被拒绝后就觉得自己受伤了,满脑子想的都是找回自己那神经质般的自尊心。

"其实我想去",但是,他们做不到脱口而出"我想去"。他们无法理解，只想治愈自己受到伤害的神经质般的自尊心。

然后摆出一副"我不喜欢你，女人什么的太麻烦了"的样子。这样只会让对方伤心难过，自己也永远无法收获爱情。

修正自我意象

知晓想象中的自己并非真实的自己,这一点尤为重要。很多人在童年时期就认为自己是不幸的,他们否定自己。

我们决定不了我们的出身,因而也不能准确定义自己到底是一个什么样的人。所以,我们把来自对自己而言重要的人的反应当作是认识自己的唯一标准。

举个例子来说,我们通过父母对我们的态度来认识自己。

那么,如果父母没有爱的能力会怎么样?孩子不会认为父母没有爱的能力,他们会认为自己是一个不被爱的存在。

如果父母有爱的能力,那又会是什么结果呢?结果就是孩子会认为自己是一个被爱的存在。

父母接触孩子,会觉得这个孩子带给自己很多东西,他带给自己生活的快乐,也带给自己心灵的宁静。

那么,孩子也会这么定义自己。

反过来，有一些孩子会认为自己的存在就是在给别人造成困扰，而有一些孩子会认为自己是可以给别人带来快乐的存在。

我想说的就是：自卑的人永远不是真正应该被鄙视的人，清楚这一点很重要。

人不能选择自己的父母。换句话说如果你的父母是消极的人，那你也无可奈何。

但是，消极父母的孩子的自我意象可能为自己就是消极的人。

当这样的孩子长大了，即便突然有人告诉他"你不该认为自己是一个不中用的人"，但是，"自己是一个废物，是一个不被爱的人"的想法早已在他的心中根深蒂固。

我们在不知不觉中，就学会了传达自我意象。

因此，为了收获爱情，我们就必须改变自我意象。

如果你的父母是消极的人，那等你长大成人时，就要下定决心推翻自己固有的人生观，改变自我意象，认为自己是一个"有价值的人"。要想收获爱情的果实，必须要坚信自己就是这样一个人。

还有最重要的就是避免与消极的人接触，不然，你最终会变得信心全无。

缺乏自信的人必须注意，一定要和不同于自己父母的人接触。

缺乏自信的人中有一群这样的人，他们在父母极度以恩人自居的环境中长大。在孩提时候，他们的父母就会对他们说"我们都是为了你，才会这么辛苦"。

也会经常对他们说一些核心意思是"就是因为你什么都不会做，我才样样替你做"的话。

经常把这些话挂在嘴边的父母，他们就是想体现"自己被孩子需要"。这样的父母，孩子一说自己需要他们，他们就会很高兴。这样的做法超越了开心本身，而是变成了他们的一种需要。

于是，孩子就会变得什么都不会做。这样什么都不会做会让父母感到开心，由于孩子什么都不会做，就会都让父母来做，于是父母就摆脱了自身的无力感。

自己的父母"需要自己被别人需要"，一个成长在这样的环境中的孩子，就总会觉得自己做什么都需要别人的帮助。

与其这么说，不如说他们在给自己一个暗示，自己离开别人的帮助，就会一事无成。

就连去旅行都要让孩子需要自己。这样的父母认为，孩子必须央求他们带着自己出去旅行。

对于这样的父母来说，他们必须让孩子说"我一个人不能去旅行，你们要带着我"这样的话来央求自己。

孩子这样要求自己的父母，他们就会认为"自己一个人是办不到的"。

其实就算一个人去旅行，当他发现父母为自己做的这些琐碎的事情，他也会想到，多亏了父母为自己做的这些，自己才可以来旅行。或者是认为这一定是一种特别的幸运。

孩子这么想，就是实现了父母的心愿。

一个顺从的孩子，最大的快乐就是得到父母的认可。

认为自己可以独立做任何事情，就是忤逆了"需要自己被别人需要"的父母。

人的一生都是一些琐碎的事，于是这些孩子就会在这些琐碎的事中对自己失去信心。

当失去信心的时候，就会失去生活中很多东西。获得自信，就能获得生活中潜在的可能和快乐。

要想让爱情开花结果，就要对自己有信心。

成为一个让对方觉得有安全感的人

有一个恋人以为自己说了伤害对方的话,为了减轻自己的过错,她发誓不再见对方。

她觉得自己做错了什么事,她想自己不再见他的话可以弥补过错,她以为自己这么做是在为对方着想。

但是对方并没有受到伤害,当她不再见他的时候,他不知道是不是她已经讨厌他了。

那她是怎么想的?她会埋怨"他不懂我"。

这是她对对方的担忧,但是并不是担忧对方这个人。是以自我为中心的担忧,或者说是自我执着的人的担忧。

她不知道对方会怎么评价自己的言行举止。说到底,就是无法确认自己动机的合理性,比如说,"我"是这么认为的,"我"这么认为,所以才会这样做。

一个女人送给心仪的男人一份礼物,男人转手把礼物送给了自己的母亲，女人知道后很生气，便去把礼物要了回来。

这也是自我执着的人的担忧。她以为自己是在送心仪的男人礼物，但是这并不是为了讨对方欢心送的礼物。她是为了自己送礼，这是一份让她自我满足的礼物。

所以，当这份礼物不能物尽其用时，她就会想办法把它拿回来。

出差回来，你带一份超级大的蛋糕做伴手礼，这显然不合时宜。这不是为了给对方带伴手礼，只是为了让对方赞叹自己，才会买这样的礼物。

如果被人问："你怎么了，还好吗？"

正常的回答是："嗯，没事。"

但是，回答"没事"的人也是各有不同。同是一句"没事"，他们的内心活动可能是有差别的。

有些人担心说自己生病了的话，对方会很担心，于是就会说"没事"。

他们通过这样的一句"没事"，体现了对对方的爱。

也有些人，他们出于对对方的恐惧感而说"没事"。他们担心说自己生病了，会惹对方不高兴。他们害怕这样，于是就说"嗯，没事"。

从来没有收获爱情的人，或是得了抑郁症的人，他们从没有怀揣着一颗真诚的心和对方说话。

他虽然看上去很和善,但是心里一直在说着恐慌的话语。

因此,他们基本上不理解"为了对方着想"这回事。

即便理智上明白,感情上也无法真正理解。

我在哪里看到过,有一个患有感觉统合失调症的女人,把手伸进热水里说:"你看我如此爱你,我可以为你这么做。"

这个女人不知道如何表达自己的爱。

一个极为执着的人,一般都是这样表达自己的执着的爱的。

他们认为自己很努力表达对对方的爱,但没有从对方那得到期望的回应。在这样的情况下,他们就会把手伸进热水中说:"你看我如此爱你。"

"为了你,我都戒掉了自己喜欢的酒。"但是即便如此,对方还是不能理解自己的心情。

"为了你,我都戒掉了自己喜欢的酒"这句话,就是在告诉对方,"你看我如此地爱你,连喜欢的酒都戒掉了"。这和把自己的手伸进热水里的女人一样。

但是,对方并没有希望你戒掉自己喜欢喝的酒。

表达爱,和获得满足感不同。

只寻求自我满足感的人,不在乎对方想要的是什么。

只寻求自我满足感的人,与现实是脱节的。自我执着严重的人的爱,是"唯我独尊"的爱。

自我执着很严重的人的关怀,目的是让对方觉得自己很好。

这也是为什么即便你很努力,也收获不到爱情。

有一对情侣约会,女孩带了便当,男孩脱口而出说自己不吃便当。女孩觉得男孩伤害了自己,就不高兴了。

女孩是为了让自己有成就感,她以为亲手为男朋友做便当很感人,于是沉浸其中。

有时候,一个人的好意或许会成为对方的负担。做一些让对方觉得舒服的事情,才是最大的真诚。

如果不清楚这些,爱情就永远不会开花结果。即便谈了恋爱,这样的恋爱也不会长久。

不清楚这些的人,总是急于求成,期许更好的结果。

其实,真心实意地重复琐碎的事情,在这一来一往中对方就会明白你的真心实意。

知道两个人需要的不同

我翻译过一本叫作《大脑构造》的书。

书中有一个女人因为恋爱哭泣的例子。

这个女人抱怨说：

"和诺亚交往的第一年，他对我说的话，有一大半会让我掉眼泪。他真是太过分了。"

诺亚是作者在这本书中所提起的一类人。

这种人，忍受不了模棱两可的事情。他们很讨厌生活没有条理的人，也不喜欢和不靠谱的人一起工作。这种讨厌，就像一些人讨厌听到指甲在黑板上划的声音一样。这种人是下达指令的人。被说哭的她，不知道诺亚是这种类型的人。

但是，她知道人与人的大脑构造不同。也就是说，她明白每个人都是不同的个体。

《大脑构造》指出："我忽然明白，我听过他对我下达指令后,自己的烦恼就会消失不见。他总是在我需要的时候帮助我,我知道这就是他对我的爱。只是他不会说一些我想听到的话。所以,我们决定还是结婚。"①

凡是一旦感情用事就会大脑糊涂的人,从某种意义上来说,会让诺亚觉得可怕和不悦。诺亚与对方保持距离,却被对方贴上了冷酷无情的标签。

自恋的人也会经常哭泣,经常觉得愤慨。

他们生气"我这么爱你,你却不明白"。但是对方或许根本就不喜欢你。

自恋的人,喜欢上对方后,是无法理解"对方不喜欢自己"的现实的。

一个自恋的人在某天早上、某个地方等着他(她)爱上的人,但对方不喜欢这个自恋的人,所以就会发生不愉快。

这些自恋的人只会抱怨"我等了你一早上了"。因为他(她)不知道对方的真实想法,所以只会认为"他(她)不可能讨厌我"。

神经症患者经常给心理咨询师留下一些物品。来找我的患者中,有些人总是会把自己的手账留下。我曾和一位著名的心理咨询师聊过,他也说:"我也有这方面的困扰。"

---

① 米勒·马莱恩,《大脑构造》,加藤谛三译,讲谈社,1998年。

神经症患者会认为"这本手账对我来说很重要,我视之如命"。

我把这么重要的东西交由你保管,你会为我做什么?

神经症患者将自己的手账交给一个陌生人,他们不明白这给对方添了一个多么大的麻烦。

神经症患者认为:"我把这么珍贵的东西献给了你,你能为我做什么?"

有时候不给手账,就会给日记。

不管怎么说,要想收获爱情的果实,就必须铭记"对方和自己不一样"。

人与人之间是不同的。

对自己来说意义非凡的东西,对于对方来说或许一文不值。

有时候,自己视为珍宝的东西,对对方来说只是负担。

总是收获不到爱情的人,没有意识到对方与你关注的不一样。

收获不到爱情的人,没有意识到自己和对方处于不同的心理成长阶段。从心理学的角度而言,这是3岁的小孩和30岁的成人之间的恋爱,但是他们并没有意识到这一点。

他们没有发现,对方原本就不具备爱的能力。

就像卡伦·霍妮说的"自卑摧毁了你爱人的能力",很多自卑的人，只是一味地追求别人爱自己。

恋爱关系虽然不同于亲子关系，但是意识不到这一点就坠入爱河的话，你就会既想要得到父母那种爱，又想要得到情侣的那份爱。这样的恋爱关系是不可能维系长久的。

我在美国的时候，听过一句名言："去佛罗里达滑雪。"但是即便你去了佛罗里达，你还是不会滑雪。

收获不到爱情的人，不就是去佛罗里达滑雪的人吗？

小时候我看过《宫本武藏》一书，书中有这样一个场景：泽庵和尚让宫本武藏画一个圆。

于是，宫本武藏费了好大的劲画了一个圆。然后泽庵和尚说："这个圆太小了。你在以自己为圆心画圆。你拿着棒子站在圈外画一个圆。"

收获不到爱情的人，总是以自己为中心。

迷恋自己的人，他们不懂"为了别人"这一基本的道理。即便理智上明白，也无法在感情上理解。

他们自认为自己为对方做的事情都是对方希望自己做的，以为这样就是在表达对对方的爱。

一直收获不到爱情的人，总是以自我为中心，他们并没有站在圈外拿着棒子画一个圆。

有时候，不管怎么努力事情就是不成功，你以为你是为人而活，其实是陷入了自己的牢笼。

这时候，你应该想到是自己在潜意识的认知上出现了问题。

这可能是因为你潜意识的沟通出现了障碍。

不顺畅的交流，说明你的潜意识陷入了不安的状态。

人都是下意识地与对方交流。所以，在自己都不知道的情况下，不论怎么努力，都不会有结果。

自认为你是为别人着想，其实并非如此。这无非是自我执着者出于对自我保护的担忧。换句话说，就是完全以自己为中心。

你原本的出发点就不是为别人着想，所以这样的人收获不到爱情。

但是，虽然如此，你也不该责怪自己。

小时候，一些孩子的母亲可以理解他们的感受，这样的孩子长大后，也会理解别人的感受。

像得了抑郁症的人，就是他们的母亲从来没有理解过他们的感受。

收获不到爱情的人，就像一个经历过抑郁症的人一样。可能是因为从没有被自己的母亲理解过，所以才会有这样的想法。

我在一本美国的书上看到过这样一句话："心怀慈悲者成不了一名优秀的企业家。"

在一项进行过 117 次的调查中（总计有 24000 人参与该调查），调查的数据显示，人们认为在工作中最重要的就是责任心。

让人吃惊的是，满意度基本上不受到什么影响。

工作都是这样，何况是爱情呢。

借口让另一半失去对你的信任

有一种人是忧郁亲和型的人（忧郁亲和型是抑郁症患者的三大性格之一）。

这种人待人也有自我执着方面的困扰。他们总是觉得自己欠别人的。忧郁亲和型的人，在和父母的关系中也会觉得自己是父母的负担。

让父母觉得开心，这不就是人际关系交往的开始吗？

小时候，总是被父母不开心的情绪所困扰的小孩，在长大成人后也会担心自己被抛弃，这会让他们很焦虑。所以，他们总是想方设法地讨好自己的恋人。

这与其说是对恋人的爱情，不如说是自己怕被对方抛弃的担忧。

因此，他们并不是为了恋人着想，所以经常会为了讨好对方反而违背了对方对自己的期许。

忧郁亲和型的人，总是对自己的存在感到自责。因此，他们试图竭尽所能地履行对恋人应尽的义务。

讨好恋人这件事情，就是一种他们必须要尽的义务。如果没有取悦恋人，他们就会认为是自己没有尽到责任，就会有深深的负罪感。

也就是说，如果不能取悦自己的恋人，他们就会认为自己不配做对方的恋人。忧郁亲和型的人，与人交往都是如此。

被抛弃的恐慌和没有尽到自己责任的负罪感交织在一起，折磨着忧郁亲和型的人。

而且，这样的负罪感迫使他们无法对别人产生依赖，无法向别人寻求帮助、建议，也无法和别人合作。

他们只会等着对方向自己请求帮忙。

他们希望对方拜托自己："你为我做一下这个。"他们想要的是对方说出让自己去帮助他们的话。

当对方明白了这一点，即便对方认为你是一个"狡猾的人"也不足为奇。

而事实上，忧郁亲和型的人即便"特别善良"，也仍是一个心机重的人。

忧郁亲和型的人避免自己过度"欠债"，因此，他们心里希望对方能先说出希望自己为他们做什么。

有一对情侣分手了。

女人是一个极其普通的人，男人是一个忧郁亲和型的人。

男人就连让对方改一下约会的时间这样的小事都说不出口。

女人是从男人绕来绕去的说辞中明白，男人是想要女人改变约会的时间。

在女人看来，"你直接跟我说想要换时间不就好了吗？"女人心想"这个家伙心机真够重的"，想换时间都不自己说出来。

但是，忧郁亲和型的男人不想做一点儿欠着别人的事情。

在女人看来，这根本不是"债"。别说是恋人关系，就是普通朋友的关系，这也不算是欠对方什么。

但是，忧郁亲和型的人认为这就是一种"债"，他们对"债"格外敏感。

到现在为止，他已经为"债台高筑"所苦，所以不想再产生一笔新的"债"。

这就是为什么他们总会找这么多的借口。

不论说什么，总会有一个特别长的铺垫，让对方很想说："你想说的到底是什么？"

换句话说，即便是一个请求，他们也会长篇大论，来来回回地说明很多。这样啰嗦、冗长的解释就是出于逃避"欠别人"的心理而为自己找的借口。

但是，正常的人怎么都理解不了这样啰里啰唆、牵强附会的说法。

所以，女人会认为自己的爱人是一个"狡猾的人"，总是找很多借口。作这样理解的女人，就会和男人分手。

如果这个男人直截了当地说出自己想让女人说的事情，或许就不会失恋。恋人是肯定不会讨厌自己的伴侣对自己提出要求的。

忧郁亲和型的人，总是避免自己欠下别人的债。但是，他的这些建议也好，要求也好，这些事情原本就不是一种债务。但是，忧郁亲和型的人并不懂这一点。

女人认为，根本不需要这些冗长的借口，如果你让我做什么，我会很高兴的。

这种忧郁亲和型的人，不知道爱情是怎么一回事。

所以，他们总是怕给人添麻烦。怕给人添麻烦，其实就是在极力避免自己欠下债务。

忧郁亲和型的人，既在极力避免自己欠下债务，又在担心自己会伤害对方。

特伦巴赫[①]在其著作《抑郁症》中说，忧郁亲和型性格与强迫症类似。

[①] 休伯特·特伦巴赫，德国临床心理学教授。

其实在我知道特伦巴赫使用"产生被害的恐慌"这个说法之前,我也在使用这个说法。

也就是说,忧郁亲和型的人,他们既担心自己说过的话伤害对方,又不想欠对方的人情。所以无论说什么,他们都不会直接表达自己的想法。

这样的人说话总是会拐弯抹角,不够直截了当,或者说话总是模棱两可。

并且他们总是有一种恐惧,他们担心自己一旦伤害对方,就会失去对方。事实上自己担心的这些话,并不会伤害对方,就算伤害了对方,对方也不会就因为这个原因和你分手的。

直接和对方表达清楚自己的想法,对方会更容易明白你想表达的。

第七章

放弃浮夸的爱情，建立一段有安全感的关系

如何面对被安排好的命运

我经常收到读者的来信,他们说,自己从小到大一直都很努力,但是,从来没有收获过爱情。他们总是问自己:"是不是我做错了什么?"

简单来说,收获不到爱情的人,就是无法接纳"真实的自己"的人。

怎样才是接纳真实的自己?这是一种什么样的心态?

在《安徒生童话》中,有一个小故事叫《雏菊》①。

我在已经出版的《无名士兵的话》中,提到了这个故事。

我之所以再次提到它,首先是因为它与本书的主题紧密相连,同时也是因为《雏菊》的作者安徒生,他就是一个实现了弗兰克尔的价值观的人,他超越了自己。

---

① 《雏菊》,参照《安徒生童话 上》,大畑末吉译,岩波书店,1953年。

我也在本书中反复地提到，从小就生活在一个没有爱的环境中，是多么不幸的一件事。

虽然我在《无名士兵的话》中提到《雏菊》的故事，但我再次提到《雏菊》这篇童话，是因为我想在这本书中提到《雏菊》的作者——安徒生。安徒生从来没有感受过被母爱包围是什么样的感觉，但是他克服了自己，写出了《雏菊》的故事。

一个注定不幸的人，克服了自我，说出了爱的真谛。

安徒生出生在一个不幸福的环境中，在不幸福的环境中长大，他甚至连自己的父母是谁都不知道。

据说他的"父亲"，是个23岁的修鞋匠，是处于最底层的人。当初他的母亲和他父亲结婚的时候，连住的地方都没有。

除了外在的不利条件，他的父亲还性格自闭，和他母亲的感情并不好。

也就是说，安徒生是被迫成长在父母感情不睦的弱势环境中。

他的父亲死于精神分裂症。

据说他的祖母是一家慈善医院的清洁工，也经常说一些病态的疯话。

关于他的母亲，传闻很多，说法不一。有人说，她比他的父亲大 15 岁，据说是一个文盲，没什么文化，是一个粗人，从小生活贫苦，有时靠乞讨为生。她在结婚前就和别人生过一个孩子，后来因为酗酒被慈善医院收养，在安徒生 28 岁的时候去世了。

安徒生不知道自己是不是母亲和修鞋匠所生。

收到母亲去世消息的安徒生，当时在罗马。他没有回乡，也没有参加母亲的葬礼。

从心理学角度看，我们想当然地认为他即使做出犯罪行为，一生都在承受着抑郁症的折磨或因世界的不公而愤愤不平，做出出格行为也不足为奇。

但即便他在这样不堪、没有爱的环境中长大，他还是写出了《雏菊》，进而引人思考"爱的本质到底是什么"。

安徒生已经实现了自我超越。

在乡间的一条大路边，有一座别墅。别墅前面的花园里种满了花。在花园附近的一条沟里，长着一棵小雏菊。

它从来都没有想过它开出的花朵会像自带光圈一样美丽。它以为自己就是一朵生长在草丛中、可怜卑微的小花。可它总是很开心，它把头转向太阳，瞧着太阳，静听百灵鸟在高空中唱歌。

有些人的开朗是一种自我保护，有些人的开朗是为了得到别人的喜欢。但是，小雏菊的开朗明艳并不是为了得到这些。

小雏菊的心理，是一种自我满足的状态。

这是一种可以接纳自己的心理。小雏菊没有压抑什么，也没有抱怨什么。

小雏菊与那些怨天尤人的人不同，小雏菊因为自我满足，所以它不会抱怨。

小雏菊或许觉得，现在的自己很好。因为在这里，它能够听到百灵鸟的歌声。

小雏菊觉得自己可以生长在这里就是幸福，而不是因为听到了百灵鸟的歌声后，才觉得自己很幸福。

因为自己是生长在这儿的雏菊，所以才觉得幸福。为了能这么想应该做什么呢？

和路边的雏菊不同，那些生长在别墅花园里的花，它们会怎么做呢？

小雏菊没有做成什么惊天动地的大事，没有健康，也没有富贵，也没有取得被世人夸奖的伟大成绩，简直就是"一无是处的自己"。

但是，小雏菊很满足于"一无是处的自己"。人们要想获得幸福，怎么面对"一无是处的自己"，才是关键所在。

这样的心态是"给予人的最后价值的可能性"。①

人在面对自己被上帝赋予的命运时,应该以什么样的态度面对?这才是能否实现一个人人生价值的关键。弗兰克尔将此称为"态度价值"。

像小雏菊,就是给予了自己的人生最大的价值意义。

《无名士兵的话》是挂在美国纽约大学墙壁上的一首诗。作者不详。据说原标题是《致失意的年轻人》。

诗是这样写的:

"当我祈求上帝赐予我力量以成就一番大事,他却告诉我要学着谦逊,给了我弱小。

"当我祈求上帝赐予我康健以有所作为,他却告诉我做事要尽善尽美,给了我疾病。

"当我祈求上帝赐予我金银富贵以追求幸福,他却告诉我要拥有智慧,给了我贫穷。

"当我祈求上帝赐予我成功以获得世人称赞,他却告诉我要戒骄戒躁,给了我失败。

"当我祈求上帝赐予我世间万物以享受生命,他却告诉我要善待万物,给了我生命。

"他虽然不曾给我任何想要的东西,却应允了我所有的

---

① 《弗兰克尔著作集 5 神经症》,霜山德尔译,美铃书房,1961年。

愿望。我是最有福气的人。"

用这名无名士兵的话来说"恋爱心理学"就是，如果你想嫁给一个好男人，追求高学历，那你就必须要努力工作，任劳任怨。如果你想追求一份理想的爱情，有一副英俊的外表，那你就必须要成为一个真诚、本分的男人。

能够接纳自己的人,活力满满

只有像雏菊一样,才会认为上天"虽然不曾给我任何想要的东西,却应允了我所有的愿望"。

雏菊觉得自己是最有福气的。

用弗兰克尔的话理解雏菊"总是很开心,它把头转向太阳,瞧着太阳,静听百灵鸟在高空中唱歌",正因为如此,它实现了体验价值。

弗兰克尔将价值分为三类:创造价值、体验价值、态度价值。

按照这种理论,可将人分为实现自己人生价值的"劳动的人";体验、邂逅,然后爱自己,让自己的人生充满意义的、极能忍耐吃苦的人。①

---

①《弗兰克尔著作集 6 精神医学的形象》,宫本忠雄、小田晋译,美铃书房,1961年。

雏菊总是很开心，它把头转向太阳，瞧着太阳，静听百灵鸟在高空中唱歌，如此便觉得自己的人生充满了意义。

如果雏菊觉得不满，它就不会听了百灵鸟的歌之后觉得很开心。

即使是一朵雏菊，如果蔑视自己，它就不会把头转向太阳，瞧着太阳，它或许就会怨恨自己的一生，成为一个"郁郁寡欢的人"。

即便是一朵雏菊，它也会感慨："谁都不爱我。"但如果它这么抱怨，百灵鸟就不会来了。

这个世上有很多人"身披绒衣锦缎，却还是郁郁寡欢"。

那些和雏菊不同的花，它们开在别墅前面的花园中，它们会如何呢？

栅栏里长了许多骄傲的名花——它们的香气越少，越是装模作样。牡丹尽量扩张，想要开得比玫瑰花还大，可是问题并不在于庞大。郁金香的颜色最美丽，它们也知道这个特点，所以就立得特别挺直，好叫人们能更清楚地看到它们。它们一点也不理会栅栏外边的小雏菊。

这就是不能接受自我，这样的人，才是弱者。

不谙世事的年轻人，会误认为逞强就是真正的强大。但是，逞强才是脆弱的表现。

像郁金香和牡丹花这样飞扬跋扈的人，收获不到爱情。

越努力讨好，反而越惹人生厌。

这些花儿们，它们不知道现在对身边的人的要求是什么。

心中越是抱怨"谁都不爱我"，就越是遭人厌弃。

虽然每一朵花都娇艳欲滴，但是它们都苦不堪言。郁金香、牡丹、玫瑰都很痛苦。它们踮起脚尖挣扎的一生，活得更痛苦。

这些花祈求上天赐予它们力量，助它们完成大事。

这些花不满足。它们每一朵，都在向别人展示自己。它们开花是为了得到人们的夸奖。它们体会不到自身的价值，所以想要身边的人来肯定自己的价值。

这就像一个身家百万的人，听到别人夸奖自己的富有会很开心一样。越是如此，越增强对金钱的向往。别人越是夸赞他们，他们就更加痛苦。

因此，生长在别墅花园里的花，就活得很痛苦。每当人们赞扬富豪有钱的时候，他们当时觉得很开心，但实际上这句赞扬也深深地伤害了他们，这些人愈发被伤害得遍体鳞伤。

最终，如果没有人恭维"你真是太厉害了"，他们就无法活下去。

这群长在别墅花园里的花儿，生动形象地说明了它们有多想被人看到。

一旦你费尽心思要别人看到自己的一生，你就不会收获爱情。百灵鸟也不会飞来你的身边。

这片花园里的牡丹、郁金香、玫瑰，就是这样一群花，它们永远收获不到别人的爱。

因为它们是这样一群花——为了助自己完成大事而寻求力量；为了幸福而追求富贵；为了获得世人的赞美才想得到成功。

百灵鸟不会飞到这样的花身边，优秀的异性也不会被这样的人所吸引，优秀的恋人都会去像小雏菊这样的人身边。

那些已经拼命努力却收获不到爱情的人，都是抱着像牡丹、郁金香、玫瑰这样态度生活的人。

而这些花，如果是人的话，就是一群即便获得成功，但是也活得绝望的人，即便已经成功，但是也没有成就感。

一个真正的强者，会是一个卸下自己防备的人，不否定现实的人。

俗话说，潇洒坦荡的人才是强者。他们对于自己无能为力的事情，会很坦率地承认"我做不到这样"，这样的人才会收获爱情。相反，一个无法说出自己做不到的事情的人，就是一个作势逞强的人。这样的人，收获不到爱情。

防御心态是一种价值观念，即不是真的相信事情本身是有意义的，而是为了避免自己受到伤害，才相信某些事情有意义。

小雏菊认为百灵鸟会飞到牡丹、郁金香、玫瑰这些明艳的花儿身边。

而百灵鸟能够飞到自己的身边来看看自己，雏菊很感恩。对于不曾拥有的东西，不觉得不满，对于拥有的东西，怀揣一颗感恩的心。正因为如此，才会收获爱情。

美丽的鸟儿，没有去那些明艳的花儿身边，而是飞到小雏菊这里，而且还为小雏菊歌唱。

园中那些争芳斗艳的花，一定会很不解。

那百灵鸟为什么会飞到小雏菊的身边呢？想必是因为小雏菊的恬静淡泊吧。

如果雏菊自怨自艾："反正百灵鸟也不会飞到我这样不起眼的一朵小花身边。"那百灵鸟就不会飞来了。

爱是强求不来的。

顺其自然，爱反而会悄悄地来临。

当然了，安徒生大师并没有这么写，只是我这么诠释文章的用意。

收获不到爱情的人，就不会安稳。这样，不仅不会治愈对方的内心，反而是睚眦必报。

人们都会去安稳恬静的人身边，不会来到标榜自己"我这么美丽"的人身边。人总是会被怡然自得者吸引。

人和百灵鸟一样，身心俱疲，想要一份慰藉的时候，是不会去那些位高权重的人身边的。

但是，为了得到幸福而一心求财的人，他们没有理解这一点。他们以为只要自己得到富贵和权力，人们就会慕名前来。这是大错特错。

特别是为了争一口气，想要获得成功的人即便成功了，也会招致周围人的排斥。

当一个人的出发点是"为了争一口气"，开始努力求取成功之时，他就迈向了孤单与不快乐的旅途。

人们最后都会去内心丰盈的人身边，小雏菊就是内心有满足感的人。

即使人们聚在拥有权力与富贵的人身边，但一旦他们的富贵与权力散去，聚在他们身边的人也会离他们而去。

谁都会有不满和委屈，解决的方式有两种，一些人会像雏菊那样，也有一些人会像郁金香那样，那怎么面对自己的不满和委屈才是关键所在。

而内心的安定会决定你将如何处理这些不满和委屈。

"小鸟在小雏菊的周围跳着舞，唱着歌：

多么恬淡的小花儿呀！

多么甜蜜的小花！

它的心是金子耶！

它的外衣是银子耶！

这么一看雏菊的黄蕊看起来的确像金子；它周围的小花瓣白得像银子。"

　　由此可见，一个接受了自己的人，会有多大的能量。这是全力以赴的美好，他也会发自肺腑地觉得，身体的每一处都积聚了力量。这种力量和报复的那种力量不同。

　　小鸟也觉得雏菊的存在，第一次让自己觉得内心很充实。

　　所以，小鸟感谢雏菊。

心一旦满足，外表也会改变

这棵小雏菊既没有权力与富贵，也没有收获成功，却是自己的愿望全部被应允的象征。

小鸟说着："小花。"小鸟选择的不是更大的花，而是小花。

这棵雏菊才是得到了小鸟最美好的祝福的存在。

然而，目睹这一幕的郁金香却受到伤害，更加变本加厉，牡丹也受到伤害，更加别扭。

可是郁金香仍然像以前那样骄傲，它们的面孔仍然刻板发红，因为它们是在自寻烦恼。牡丹花也是头脑不清醒，唉，幸而它们不会讲话，否则雏菊就会挨一顿痛骂。这棵可怜的小花看得很清楚，它们的情绪都不好，这使得它觉得痛苦。

人们往往有一种错误的价值观，就像郁金香、牡丹一样，都希望能够得到大家的关注。

一个坦荡的异性,是不会来到这样的人身边的。别说收获爱情的果实,这段感情都不会萌芽。

纵使肥胖,纵使贫穷,但是心里富足的人,脸色也不同。人们喜欢来到这样的人身边。

"为获得世人的称赞,才求取成功的人",即便成功了,也得不到想要的夸奖,也会因此而受伤。

那么就会和受伤的郁金香一样,他们会更加地卖弄,为了获得更大的成功,继续吹嘘自己。

吹嘘得越多,恋人就离得越远。

或许百灵鸟会飞到玫瑰花的身旁。

如果玫瑰能够想一下"为什么百灵鸟不飞来我这里?",说不定百灵鸟下次也会飞来这里。

因为想拥有恋人,才会说大话。

但是,就是因为说了大话,才更让人讨厌。他们收获不到爱情,完全是自食其果。

他们没有意识到,越是虚张声势,越会招致别人的排斥。他们并没有意识到,虚张声势其实是自负地拒绝对方。

虚张声势,就是不能接受自己。不能接受自己,就意味着不能接受对方。

虚张声势,真诚的恋人也会逃掉。

装腔作势的人,有各种心理问题:自卑、自恋、孤单等。

一旦把内心的纠葛带入和恋人的关系中，就收获不到爱情的果实。

恰恰相反，相信自己，可以活出自己的人生的人，就会收获爱情的果实。

小夜莺的歌声婉转动听，天鹅的姿态美丽。天鹅有天鹅的好，小夜莺有小夜莺的好。

有些人，明明是一只天鹅，却期望成为一只夜莺，因为想成为一只夜莺，他们就会受到伤害。也有些人，自己是一只天鹅，人们也期望他们是一只天鹅，但是他们却想成为一只夜莺。这些人，就是收获不到爱情的人。

收获爱情的人，在自己是一只天鹅的时候，就努力扮演好天鹅的角色；在自己是一只夜莺的时候，也努力扮演好夜莺的角色。

而收获不到爱情的人，却是这样的人——明明是一只天鹅，却想扮演夜莺的角色；明明是一只夜莺，却想扮演天鹅的角色。

其实，这些都和这个人到底是天鹅还是夜莺、是否被大家羡慕无关。

不需要非得成为一名超人

　　道理如此，我们为什么还会对自己提出这样的要求，总是要求自己成为一个现实中并不存在的完美的人呢？

　　当然，这有几个可能的原因。其中一个便是我们对真实的自己深深地失望。

　　对这份失望的反应就是完整的自己。那么，为什么会对自己产生如此深的失望呢？

　　这或许是小时候自己无法回应那些对自己来说重要的人的期待，从而产生的失落感所致。

　　"自我"的"我"，其实就是那个重要的人。一些小孩在小时候，会被对他们来说重要的人同化。这个同化的方式，就形成了自我。也就是说，被重要的人同化，自己就会把那个重要的人带入自我中。

　　换句话说，他们的人格还没有自我养成。

　　遇见各种各样的人，被各种各样的人同化。虽然形成了真实的自己，但是他们无论何时都逃不出小时候重要的人对他们施下的魔咒。

要求自己应该成为超人的，不是真实的你，而是小时候对你来说很重要的人。

在爱的呵护下长大的孩子，没有把要当一个超人当回事。只有没有得到过爱的人，才想做一个超人。

所以，如果想要收获爱情的果实，就必须认真考虑自己人格的养成。

不是别人要求你做什么，而是你自己想要做什么，搞清楚这一点是最重要的。于是，在追求自己真正想要做什么的过程中，就会形成真正的自己。

要怎样才能找到自己喜欢的东西？那就是不再逃避现实。

描绘出一副"理想的自己的样子"，追求完美的自己，这样的人就像郁金香和牡丹花一样，总是处于对自己不满意、不淡定的状态。

这样的状态不可能收获爱情。

对他们来说，他们的理想就是成为没有血肉的"超人"。但是超人是收获不到爱情的。

能展现出自己脆弱的一面的人，才拥有理想中的美好，他们才会收获爱情。

想成为超人的人认为，自己缺乏的东西是维系恋人关系至关重要的纽带。

换句话说，他们误以为自己缺乏的东西才是自己想要的东西。也就是说，他们认为恋人想要的东西，正是自己缺少的东西。

但是在现实中，恋人从没有对他们提出这样的要求。

百灵鸟想要的是一朵小雏菊。

理解了这一点，才是收获爱情的关键。

在一段亲密关系中，有意义的不是聚集所有优点于一身。这一点，有严重自卑性格的人无法理解。

你不会因为一个人有什么惊世骇俗的功德就喜欢上他。

吸引人的并非仅是眼前的外表。有时候就算是一个凌乱的背影，也会吸引人。

并非只有优点会吸引人，有时候弱点也会吸引人。

自卑感很强的人，他们还没有懂得什么是"被爱""被喜欢"。

要知道如果想得到一个人的尊敬、被一个人接纳、得到一个人的喜欢，那么相比于任何世俗的成功，更重要的是能够体会对方的好意。

性格严重自卑的人，为了得到别人的尊敬、接纳、喜欢而说大话，结果反而被人讨厌。

想方设法得到别人的喜欢，结果却招致别人的讨厌，而他们也越来越孤立无援，这也是收获不到爱情的人的特征之一。

世上有一些人,就算是成功的人,他们也想炫耀:"你看我是多么了不起的一个人。"他们接纳不了别人的好意。

不论是谁都不会喜欢上这样的人,也不想和他们交往过深。

能否与一个人亲密来往,相互喜欢,这些也看对方的心理成熟程度。具备这份能力的人,才会与你变得熟络,喜欢上你。

这不是你自己的问题。有爱的能力的人,他爱你,也爱你身上的缺点,这才是"爱的能力"。

不论你怎么努力,你都不会得到来自不具备爱的能力的人的爱。

没有安全感的人,他们害怕被对方抛弃,他们担心和对方争辩会破坏这段关系,所以他们避开和对方争吵。他们觉得争吵这件事,是一件不得了的大事。

所以,不论与谁相处,他们都不会说出自己的心里话,这样大量的愤怒就积聚在心底。

但是,有被抛弃的恐惧感的人觉得是"争吵"的事,对方并不一定觉得也是如此。

同样的经历,有的人觉得是"关系破灭的争吵",但是对方可能觉得就是单纯的对话。

假如你问一个恐惧被抛弃的人："你和恋人吵过多少次架了？"

同样的问题你也问心里有安全感的人。

虽然恋情是一起经历的，但是他们给出的回答，应该是不同的。因为他们理解的吵架的次数是不同的。

一个没有安全感、怕被抛弃的人，无法理解即使自己和对方意见相左，对方也是喜欢自己的。他无法理解即使对方指出自己的缺点，对方也是喜欢自己的。

这也是为什么那些收获不到爱情的人，光是被人指出一点瑕疵，就会觉得自己遍体鳞伤。哪怕只是为一件微不足道的小事争吵，也会觉得再也无法挽回。然后他们就会对这个分歧耿耿于怀，或是介意对方指出自己的缺点。

像这样自恋的人，一旦被对方指出自己的缺点，就会认为对方否定了自己作为人的价值。

其实对方充分肯定了他们作为人的价值，当然也指出了他们的缺点。

谈一场让双方心里都踏实的恋爱

这是因为有些人总是希望把自己做的事情做到尽善尽美,否则就会觉得不自在。如果不完美,总觉得很难受。

收获不到爱情的女人,以为别人喜欢自己是因为自己是最好的女人。所以,一旦自己不是世界之最,就会害怕。因为她们害怕一旦失去这最好的,就会失去别人对自己的喜欢。

这是一个女人的悲剧——认为自己一直以来被人喜欢都是因为自己是完美的人。

哪怕没有出众的外表,哪怕没有百万身家。即便如此,如果有人还是对你表白,那么谈着这样的恋爱就会让你觉得很有安全感。

但那些因为漂亮而被人爱,因为有钱而被人爱的人,是没有安全感的。因为如果不这样,他们就不会被爱。

如果一个女人爱上一个男人,是因为将来有一天他会成为某一种人,那这个男人会很恐慌,他也不会觉得踏实。因为他的未来必须要是一片光明。

如若不是如此,女人就会离他而去。

即使是在恋爱中,也总是在为自己不是完美的伴侣而焦虑。觉得自己如果不是一个完美的伴侣,就不会有人尊重自己。

和这样的男人或女人结婚的话,就会变得神经质。因为总是被要求应该是一个完美的人。

有两个离过婚的人,谈起了恋爱,明明可以修成正果,最后却因一件小事没能结婚。

就是当他们在聊孩子的教育方法的时候,女人没有什么别的意思,说了男人一句"你好有心机呀"。这句话让男人耿耿于怀。

说者无心,听者有意。

即便这个男人很狡猾,女人也是喜欢的。但是,男人只会认为狡猾这回事,就是令人讨厌的。

两人因为这样的话分手。怎么理解对方的话,才是关键的地方。不曲解对方说话的本意,有时候比理解一句外语更难。

同样,有时候自己对对方说的话,对方也未必会理解你的本意。

会对什么样的事物产生反感,这个是因人而异的。具体就某人而言,你原本说出的话并没有侮辱对方的本意,但是对方听后还是会很反感。

后 记

一位女大学生有一段四年的恋爱生活。说是恋爱，其实就是一段单相思，她觉得他没把她当成普通朋友。但是，他就是觉得她只是一个朋友而已。

然后，当他告诉她，他喜欢上一个人时，她很震惊。她感叹道："是自己自作多情了。"

然后，她告诉他，其实四年来自己一直喜欢他。临别时，他问道："我算是耍你了吗？"

她因为一句这样的话，说："我们一起度过了四年最快乐的时光。"

不过，从旁观者的角度看，男孩的话虽然让人大跌眼镜，但是，男孩的话是真诚的，尽管很幼稚。

如果他是个心术不正的男孩，说再见的时候就会撒谎来欺骗她。

他就绝对不会说这样最不可饶恕的话："我其实耍了

你吧。"

如果他真是一个道貌岸然的伪君子,他就会一边说"我是喜欢你的",然后一边找些理由和她分手。

尽管交往了4年的时间,也没有对她动手动脚,他只是更喜欢和女生相处。

她可能想不到,自己会和这样一个老实的男人在一起四年,但当她有一天认识了一个不老实的男人,她就会觉得年轻时的爱情真是一段美好的回忆。

现在这个时代,虚情假意的男女多如牛毛,他们互相欺骗。但是总有一天,他们一定会找到属于自己那份最美好的爱情。

其实,这样的回忆,也算是曾经收获过爱情。

"所有能够带进坟墓里的烦心事中,最糟心的不用说自然是爱情的烦恼。"[1]

这本书思考的就是爱情的烦恼。

书中反复提到的共同依赖症,说的是恋爱中的双方都有一定的心理问题。

两个人都在努力掩饰。在一段恋爱关系中,极力掩饰自己的自卑感、空虚感、疏离感等其他的东西。

---

[1] 大卫·西伯里,《消除内心的烦恼》,加藤谛三译,三笠书房,1983年。

解决心中的自卑感、空虚感、疏离感，不是一件寻常小事。

然而，恋人很容易"扬长避短"，于是两个人就相爱了。

然后被对方限制得死死的。两个没有能力的人，互相纠缠依偎。

因为分开就会受到伤害，所以不能分手。因为寂寞难耐，也不会分手。

对方有隐瞒的东西，但是又不承认。

所以，人生就这样结束。

束手无策，只能苛待身边的人。通过折磨他们，来治愈自己的内伤，逐渐失去生存的能量。积极乐观的人是不会苛待身边的人的。

弗洛姆说："既然带着如此巨大的希望和期待开始恋爱，就理应绝对不可能失败才对。如果是放在其他事情上，我们一定会思考为什么事实并非如此。"

男人和女人都会因为很多事情而受伤，这本书正是从正面剖析其中的原因。纵观许多失恋背后隐藏的心理机制之时，就要思考究竟秉承什么样的心态，才会让自己的人生过得更加丰富多彩，更加充满幸福。

一如既往，本书有幸出版，感谢大久保龙也先生的鼎力支持。

本作品中文简体版权由湖南人民出版社所有。
未经许可，不得翻印。

图书在版编目（CIP）数据

为什么我们会爱上不该爱的人 /（日）加藤谛三著；李兵译. —长沙：湖南人民出版社，2021.4 (2022.5)
ISBN 978-7-5561-2573-9

Ⅰ. ①为… Ⅱ. ①加… ②李… Ⅲ. ①恋爱—通俗读物 Ⅳ. ①C913.1-49

中国版本图书馆CIP数据核字（2020）第182423号

NAZEKA RENNAI GA UMAKUIKANAI HITO NO SHINRIGAKU
Copyright © 2018 by Taizo KATO
All rights reserved.
First original Japanese edition published by PHP Institute, Inc., Japan.
Simplified Chinese translation rights arranged with PHP Institute, Inc. through Bardon-Chinese Media Agency

WEISHENME WOMEN HUI AISHANG BU GAI AI DE REN
为什么我们会爱上不该爱的人

著　　者　［日］加藤谛三
译　　者　李　兵
出版统筹　陈　实
产品经理　刘　婷
责任编辑　李思远　田　野
责任校对　唐水兰
封面设计　吾然设计

出版发行　湖南人民出版社 ［http://www.hnppp.com］
地　　址　长沙市营盘东路3号
邮　　编　410005
电　　话　0731-82683357

印　　刷　长沙市雅高彩印有限公司
版　　次　2021年4月第1版
　　　　　2022年5月第3次印刷
开　　本　880 mm × 1230 mm　　1/32
印　　张　7.875
字　　数　100千字
书　　号　ISBN 978-7-5561-2573-9
定　　价　48.00元

营销电话：0731-82683348（如发现印装质量问题请与出版社调换）